成功確率を高める意思決定

安藤 浩之 著

成功確率を高める意思決定　もくじ

はじめに……… i

1章　意思決定概論……… 1

ケーススタディ編	1-1 ビジネス・リーダーに求められる力は何か……… 2
解説編	1-2 確実性のレベルに応じた意思決定アプローチ……… 4
ケーススタディ編	2-1 とるべき選択肢は何か……… 6
解説編	2-2 意思決定の質を高めるフレーム・ワーク……… 8

2章　判断基準の設定……… 11

ケーススタディ編	3-1 こんなときどうする？……… 12
解説編	3-2 確率が分かっている場合の意思決定原理……… 14
解説編	3-3 確率が分からない場合の意思決定原理……… 16
ケーススタディ編	4-1 こんなときどうする？……… 18
解説編	4-2 経営理念と意思決定……… 20
ケーススタディ編	5-1 こんなときどうする？……… 22
解説編	5-2 ステイクホルダー分析……… 24
ケーススタディ編	6-1 こんなときどうする？……… 28
解説編	6-2 目的展開図……… 30
ケーススタディ編	7-1 こんなときどうする？……… 32
解説編	7-2 等価交換メソッド……… 34
解説編	8-1 AHP法……… 36
ケーススタディ編	8-2 AHP法の具体例……… 38
ケーススタディ編	9-1 こんなときどうする？……… 42
解説編	9-2 権威に対する服従……… 44

成功確率を高める意思決定　もくじ

③章 幅広い選択肢の検討………47

ケーススタディ編	**10-1** こんなときどうする？………	48
解説編	**10-2** 幅広い選択肢の検討………	50
解説編	**11-1** 戦略マトリックス………	52
ケーススタディ編	**11-2** 戦略マトリックスの具体例………	54
ケーススタディ編	**12-1** こんなときどうする？………	56
解説編	**12-2** 問題の本質………	58
ケーススタディ編	**13-1** こんなときどうする？………	60
解説編	**13-2** ロジック・ツリーとフレーム・ワーク………	62
ケーススタディ編	**14-1** こんなときどうする？………	64
解説編	**14-2** 推論と事実の違い………	66
解説編	**14-3** 自己正当化の罠………	68
ケーススタディ編	**15-1** こんなときどうする？………	70
解説編	**15-2** 確証バイアス………	72
ケーススタディ編	**16-1** こんなときどうする？………	74
解説編	**16-2** 代表性ヒューリスティック………	76

④章 影響の連鎖の探求………79

ケーススタディ編	**17-1** こんなときどうする？………	80
解説編	**17-2** インフルエンス・ダイアグラム………	82
ケーススタディ編	**18-1** こんなときどうする？………	84
解説編	**18-2** What-if 分析………	86
ケーススタディ編	**18-3** What-if 分析の具体例………	88

5章 リスク許容限界 ……… 91

- 解説編 **19-1** 正味現在価値 ……… 92
- ケーススタディ編 **19-2** こんなときどうする？ ……… 94
- ケーススタディ編 **19-3** こんなときどうする？ ……… 96
- 解説編 **19-4** ラプラスの原理を用いた期待値の算出 ……… 98
- 解説編 **20-1** 標準偏差を用いたリスクの算出 ……… 100
- ケーススタディ編 **20-2** こんなときどうする？ ……… 102
- 解説編 **20-3** 振れ幅と確率 ……… 104
- 解説編 **21-1** β分布を用いたスケジュール・リスクの算出 ……… 106
- 解説編 **22-1** 感度分析 ……… 108
- ケーススタディ編 **22-2** こんなときどうする？ ……… 110
- ケーススタディ編 **22-3** こんなときどうする？ ……… 112
- 解説編 **22-4** ディシジョン・ツリー ……… 114
- 解説編 **22-5** 累積確率分析 ……… 116
- 解説編 **22-6** プロスペクト理論 ……… 118
- 解説編 **23-1** アンカリングの罠 ……… 120
- ケーススタディ編 **24-1** こんなときどうする？ ……… 122
- 解説編 **24-2** 無難な選択肢の選択 ……… 124
- ケーススタディ編 **25-1** こんなときどうする？ ……… 126
- 解説編 **25-2** 事象の集中による過剰反応 ……… 128
- ケーススタディ編 **26-1** こんなときどうする ……… 130
- 解説編 **26-2** 正常性バイアス ……… 132
- ケーススタディ編 **27-1** こんなときどうする？ ……… 134
- 解説編 **27-2** リスク評価者の不公平性 ……… 136
- 解説編 **27-3** 無利益のリスク ……… 138
- ケーススタディ編 **28-1** こんなときどうする？ ……… 140
- 解説編 **28-2** 希少性の原理 ……… 142

成功確率を高める意思決定　もくじ

6章 不確実性の考慮……… 145

- ケーススタディ編 **29-1** こんなときどうする？……… 146
- 解説編 **29-2** 損失回避の罠……… 148
- 解説編 **29-3** 自信過剰の罠……… 150
- 解説編 **29-4** 表現の罠……… 152
- ケーススタディ編 **30-1** こんなときどうする？……… 154
- 解説編 **30-2** リスク・マネジメント……… 156
- 解説編 **30-3** リスク・コントロール……… 158
- 解説編 **30-4** リスク・コントロールの実務……… 160
- 解説編 **31-1** リアル・オプション・アプローチとは……… 162
- 解説編 **31-2** 正味現在価値法の限界と補完……… 164
- 解説編 **31-3** バイノミアル・モデル（二項モデル）……… 166
- 解説編 **31-4** ブラック・ショールズ・モデル……… 168
- ケーススタディ編 **32-1** こんなときどうする？……… 170
- 解説編 **32-2** オプション価値の算出……… 172

総合演習……… 175

- ケーススタディ編 **33-1** 戦略的意思決定の総合演習……… 176
- 解説編 **33-2** プレゼンテーション資料を通じた知識の復習……… 186

あとがき……… 206

はじめに

> 本書が読者に提供したい価値は、ビジネス案件の成功確率の向上である。ビジネス案件の構想ではなく、意志決定に必要な5つのフレーム・ワークを提供することを内容としている。

主な読者は誰か

　本書は、将来、ビジネス・リーダーとして活躍することを目指している方を主な読者層と考えている。現在、マネジャーであるか否かは問わない。本書を読み進めるために必要なことは興味であり、マネジメントの経験ではないからである。

読者に提供したい価値は何か

　本書が読者に提供したい価値は、ビジネス案件の成功確率の向上である。本書が扱う範囲は、意思決定の質を高めるために必要なフレーム・ワークであり、ビジネス案件の構想に必要なフレーム・ワークではない。その理由は2つある。

　第1に、SWOT分析、3C分析、ファイブ・フォース分析のように、ビジネス案件の構想に役立つフレーム・ワークは数多くの書籍で紹介されている。よって、重複は避けたい。むしろ、ビジネス書として未だ扱いが少ない意思決定に特化したいと考えているからである。

　第2に、ビジネス案件の構想は企画担当者に任せることができるが、最終的な意思決定はビジネス・リーダーにしかできない。将来のビジネス・リーダーに貢献するのが本書の使命であり、この意思決定に特化すべきと考えているからである。

出版に至る問題意識は何か

　「意思決定が重要だと言われつつ、曖昧に意思決定がなされ、結果としてビジネス案件の成功確率が上がらないのはなぜなのか」　これが出版に至る問題

意識である。

　私たちは、日々、意思決定を繰り返している。しかし、その過程は時にブラックボックスであり、無意識であったりする。たとえば、ある日、突然、上司があなたの取り組んでいるビジネス案件をストップさせたとする。上司に理由を聞いても、「とにかくトップマネジメント層の指示だ」と言うばかりであり、まともな答えが返ってこない。この場合、誰がどうやって意思決定しているのかがブラックボックスになっていることを示している。

　また、これから精緻な検討に入ろうとしていたビジネス案件を上司が見切り発車させたとする。上司に理由を聞いても、「まぁ、とりあえずやってみよう」と言うばかりであり、やはりまともな答えが返ってこない。この場合、根拠もなく無意識に意思決定していることを示している。

　「とりあえず」という言葉は便利な言葉であり、ポジティブにとらえれば「とにかくやってみよう。やりながら次の一手を考えることにしよう」という意味になる。しかし、多くの場合、次の一手を考えることなく、その場しのぎになっている。これでは意思決定の質は低くなり、おのずとビジネス案件の成功確率は落ちることになる。

本書の構成

　本書は、意志決定の質を高めるために必要なフレーム・ワークを5つの章に分けて、その一つひとつについて解説している。ひとつの章の構成は、一覧性を高め、全体を把握できるように見開きでひとつの論点が完結するようにしている。更に、文章の構成においては、実務に応用できるように、ケースを数多く盛り込んでいる。

　本書を通じて、読者が取り組むビジネス案件の成功確率の向上に寄与することになれば、長年、企業内教育とコンサルティングの現場に身をおいてきた著者としては幸いである。

2011年5月
慶應丸の内シティキャンパス
シニアコンサルタント　安藤　浩之

1 意思決定概論

CASE STUDY

1-1 ビジネス・リーダーに求められる力は何か

ビジネス・リーダーに求められる力は、構想力と意思決定力である。ビジネスの構想は直感に依存する部分が多く、意思決定は合理的でありたい。

■ ケース・スタディ

あるビジネス・リーダーは、新しいビジネスを次々に立ち上げては成功を収めている。その評判は産業界に広まり、彼が講演を行なうと会場は満席となり、いつも盛況である。

今日もある場所で講演が行なわれ、最後に質疑応答の時間に移った。この時、会場の聴講者がビジネス・リーダーに次のような質問をした。

聴講者 ビジネス環境が複雑化し、先が見通しにくい今、私たちは、どのようなビジネス・リーダーを目指すべきでしょうか。

講演者 ビジネス・リーダーは、優れたストラテジストでありたいものです。単なる分析屋という意味でのアナリストになってはいけません。

聴講者 ストラテジストとアナリストの違いは何ですか。

講演者 リーダーシップの発揮において、ストラテジストは論理的であり情動的。分析の範囲内でしかものごとを語れないアナリストと異なり、強い想いを持っている人がストラテジストです。ストラテジストは常に将来を見つめており、過去の出来事を語るだけのアナリストとは大きく異なります。

聴講者 それでは、今後、優れたビジネス・リーダーを目指す上で、どのような力を身につけるべきでしょうか。

講演者 身につけるべき力は構想力と意思決定力です。ビジネスを構想するためには、独自の主観的世界観が必要です。「こんな世の中にしたい」「きっと、将来はこうなるはずだ」といった想いです。これは直感に依存する部分が大きいものです。

意思決定概論

聴講者 なぜ、直感に依存する部分が大きいのでしょうか。
講演者 事実、情報、データをどんなに積み重ねても、将来を予測することはできないからです。ここに分析の限界があります。この限界を補うのが直感です。時代はヒトが創っています。つまり、想い願うものがあるから時代はそうなるわけであり、想い願うものがなければ、時代は変わらないのです。ところが、意思決定は直感に頼ってばかりではうまくいきません。合理的でありたいものです。
聴講者 意思決定はなぜ合理的であるべきなのですか。
講演者 直感で相手を説得することができないからです。理由を聞かれたときに「なんとなく…」と答えるわけにはいきません。だから合理が必要となるのです。理に適った説明をするためには、今ある情報をもとに自分の想いの確からしさを検証しなければなりません。もちろん、100％の確からしさを検証するのは無理です。もしかしたら、10％あるいは20％かもしれません。しかし、確からしさが10％上がれば、ビジネス案件の成功確率は10％あがります。この差は大きいと言えるでしょう。

設問

実際の意思決定について改めて考えて見ます。
はじめに、最近、あなたが経験した意思決定の事例を思い浮かべてください。事例は、ビジネスでもプライベートでもかまいません。次に、その意志決定が合理だけではなく、直感を含んでいることを確かめてください。

解答例

直感を含む事例は数多いものです。たとえば、夏休みの旅行を取りあげましょう。選んだホテル、駅のホームで立つ位置、ボックス席の座る位置、ふらりと立ち寄った土産物屋など。私たちは合理的ではなく、なんとなく意思決定していることがあるものです。

解説

1-2
確実性のレベルに応じた意思決定アプローチ

> 意志決定とは、分析、判断、選択という一連のプロセスのことである。意志決定のアプローチは、将来の確実性のレベルに応じて3つに分けることができる。

● 意思決定とは何か

　本書では、意思決定を「分析、判断、選択の一連のプロセス」と定義する。よって、正しい意思決定とは、分析、判断どおりに選択することとなる。この3つをさらに分けると、「分析」と「判断」は「思考」として、「選択」は「行為」として分けることができる。

　そしてその「選択」は、多くの場合一瞬の行為である。たとえば、カフェで一杯のラテを注文するといった選択に要する時間はわずか数秒である。メニューを見ながら注文すれば、それで終わる。このように書くと、「メニューの中からひとつの商品を選択するのに時間がかかる人もいるはずだ」と思うかもしれない。しかし、それは「思考」である「分析」と「判断」に時間がかかっているのであり、「選択」という行為に時間がかかっているのではない。このように考えると、意思決定の質は「分析」と「判断」に左右されることになる。

● 補完関係である直感と合理

　合理とは理に適っていることであり、そのためには分析を必要とする。そして分析とは、事実をもとに要素を分解したり、因果関係を紐解いたりすることである。その事実は過去から現在までの間に起きたことであり、将来の出来事は含まれない。つまり、どんなに事実を積み重ねても完全な形で将来を予測することはできないということになる。

　これを言い換えれば、将来は分析するものではなく、想い願うものというこ

とができる。そして、想い願うためには直感に頼らざるを得ない。

直感と合理は補完関係にある。直感によって将来を予測し、断片的でも確からしさを合理的に分析することが、意志決定の質を高めるために欠かせない。

確実性のレベルに応じた意思決定アプローチ

意志決定は、将来の確実性のレベルに応じて3つのアプローチがある。

第1のアプローチは経済性計算である。一般に、新しいビジネス案件が自社にもたらすだろう経済効果は、売上と利益で計算している。初期投資がある場合は、期間を区切って収益シミュレーションを行ない、何年で投資回収できるのかをディスカウント・キャッシュ・フロー・ベースで測っていることだろう。これが経済性計算である。この経済性計算は、将来の出来事（売上や利益）が確実に起こることを前提にしたアプローチである。

第2のアプローチは認知論的アプローチである。将来は不確実であり、一寸先は闇だとする。このような場合、前述した経済性計算のアプローチには限界があり、直感に頼ることが多くなる。しかし、直感はバイアス（人の認識の歪み）の温床になりやすい。よって、このバイアスを防ぐことが意思決定の質を高めるために必要になる。それが認知論的アプローチである。

第3のアプローチは確率論的アプローチである。天気予報のように、確率を用いて将来を予測し、意志決定に結びつける。たとえば、天気予報で降水確率50％と言っていたとする。この場合、50％の確率で雨が降り、50％の確率で降らない可能性があることを示している。通常、この確率で洗濯物を外に干して出かけることを選択する人はいない。

認知論的アプローチ	確率論的アプローチ	経済性計算
バイアスを防ぐことで意思決定の質を上げる。	リターンの振れ幅を測り、意思決定に役立てる。	DCFベースで収益シミュレーションを行ない、意思決定に結びつける。

低い ← 将来の確実性 → 高い

CASE STUDY

ケース・スタディ編

2-1　　　　　とるべき選択肢は何か

2,000メートル級の山を登ってきたあなたは問題に直面している。このままでは登り詰めることがどうにもできそうにない。困ったあなたはどのような選択肢を選択するだろうか。

■ ケース・スタディ

　休日のある日、山登りが好きなあなたは頂上まで6時間かかる山を登っている。2,000メートル近い険しい山かもしれない。朝早くに山の麓からスタートし、3時間は登ってきた。今日は天候に恵まれ、周囲の景色もよい。しかし、ふと前をみるとせっかくここまで登ってきたのに昨日の雨で土砂崩れが起き、道がふさがれていることに気がついた。このままでは土砂を乗り越えて登り詰めることがどうにもできそうにない。困ったあなたは立ち止まり、とるべき選択肢を考えることにした。

1章 意思決定概論

ケース・スタディ編

▌設問

　はじめに、土砂を乗り越えられないことを前提にした場合、どのような選択肢が考えられるでしょうか。幅広く検討してください。次に、もし、あなただったらどの選択肢を選択するでしょうか。理由とともに考えてください。

▌解答例

　多くの場合、帰るか誰かに助けてもらうという解答を見かけます。しかし、これ以外にも、回り道をする、土砂を取り除くという選択肢もあります。更に、目的そのものを捉え直すことができれば、「別の山に登る」と考えることもできます。もっとも、こうした解答を考えることができる人はわずかしかいません。

解説

2-2
意思決定の質を高めるフレーム・ワーク

> 意志決定の質を高めるフレーム・ワークは「判断基準の設定」「幅広い選択肢の検討」「影響の連鎖の探求」「リスク許容限界の設定」「不確実性の考慮」の5つである。

5つのフレーム・ワーク

前節で、意思決定の質は分析と判断に左右されることを解説した。ここでは、実際に私たちが何を分析し、どのように判断すればよいのかについて、意思決定の質を高める5つのフレーム・ワークを明らかにするとともに解説する。

①判断基準の設定

判断基準とは、選択肢を絞り込む際の拠りどころになる基準のことである。たとえば、前頁の土砂崩れのケースにおいては、低コストが判断基準ならば、わずかに迂回できる道を探して通り抜けることを選択すればよい。公共の便益が判断基準ならば、コストをかけて土砂を取り除き、誰もが安全に通り抜ける道をつくってから通り抜けることを選択すればよい。このように、判断基準によって選択すべき選択肢は異なることになる。

②幅広い選択肢の検討

選択肢がひとつしかなければ、それを選択するのかしないのかの二者択一になる。これでは意志決定の質を上げることは難しい。選択肢は幅広く検討するほど、また、選択の幅は広いほど、意思決定の質は上がるものである。

③影響の連鎖の探究

影響の連鎖とは、目的の達成に影響を与える要因と相互の関係を意味する。たとえば、この山の登頂に影響を与える要因として、天候、体力、装備がある

とする。天候と体力、体力と装備は相互に関係があり、雨が降り、体力を消耗している上に雨具がなければ撤退するのが常識だろう。このように、影響を与える要因と相互の関係を整理することで意思決定の質を上げることができる。

④リスク許容限界の設定

リスク許容限界とは、許容できるリスクの限界値のことである。大きなリターンを得ようと思ったら、大きなリスクも許容しなければならない。だからといって、命の危険を冒してまで山登りする人はいない。現実的で妥当なリスク許容限界を設けることが意思決定の質を上げるために必要となる。

⑤不確実性の考慮

不確実性の考慮とは、将来、起こりうる不測の事態に備えて、オプション（代替案）を持っておくことを意味する。たとえば、体力に自信があるあなたは迂回路を使って山頂を目指すことにした。しかし、100メートルも進まないうちに新たな土砂崩れに直面するかもしれない。こうした際、不確実性を考慮し、オプションを持っている人は迅速に対応できる。一方、オプションを持っていない人は右往左往するばかりとなる。

次章からは、5つのフレーム・ワークに沿って前節の3つの意思決定アプローチを織りまぜながら意思決定の質を高める方法を提供する。

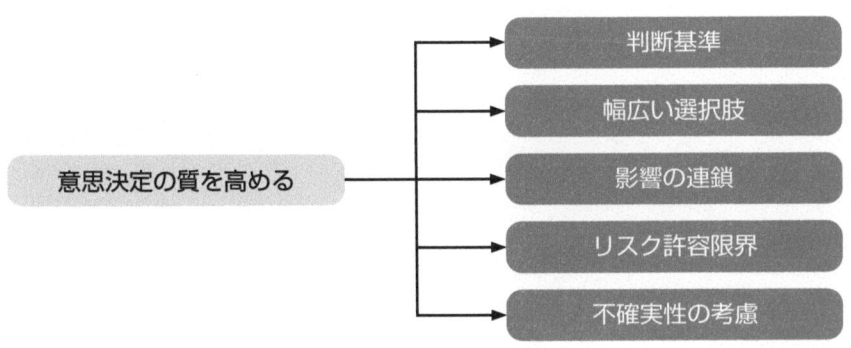

2

判断基準の設定

CASE STUDY

3-1 — こんなときどうする？

> 老舗の洋菓子店を経営しているAさん。最近、会社の業績が低迷しているために愛車を手放すことにした。しかし、そこで示された条件に困惑する。

■ ケース・スタディ

　老舗の洋菓子店を経営しているAさん。最近、自分の会社の業績が低迷しているため、愛車を泣く泣く手放すことにした。Aさんが乗っている車はイタリア製で希少価値が高く、中古車販売市場では高値で売買されている。

　Aさんは、普段からお世話になっている2つのディーラーに足を運び、査定をしてもらった。その結果が以下の表である。

　ディーラーによると、今後の中古車販売市場の動向によって買取価格は異なるという。中古車販売市場が上昇すれば高く買い取るし、低下すれば低く買い取るという。つまり、売る時期に注意しなければ損をすることになる。

　そこで、次に、Aさんは信頼できる友人に頼んで、今後の中古車販売市場の動向について予測してもらった。その結果は、表にパーセンテージで表されているとおりである。

今後の中古車販売市場の動向	低下	変化なし	上昇
	30%	30%	40%
ディーラーX	750万円	930万円	970万円
ディーラーY	850万円	880万円	950万円

ケース・スタディ編

判断基準の設定

設問

もし、あなただったら、XとYのどちらのディーラーで売却するでしょうか。表中のデータをもとに考えてください。

解答例

この設問に対しては唯一の解答はありません。損失をできるだけ回避する選択肢を選択する人がいれば、利得をできるだけ追求する選択肢を選択する人もいます。詳細は次ページ以降で確認することにしましょう。

解説

3-2
確率が分かっている場合の意思決定原理

> 異なる判断基準を用いれば異なる結論に至るものである。よって、ひとつの結論を導き出すためには、判断基準を決めることからはじめよう。

● ケース・スタディの振り返り

　損失を回避するのか、あるいは利得を追求するのか、人によって判断基準は異なるものである。よって、仮に合議で意思決定する場合、この判断基準を合わせることからはじめなければ、結論はぶれることになる。そこで、本項では確率がわかっている場合とわからない場合に大別して、どのような判断の仕方があるのかを解説する。

● 確率が分かっている場合の意思決定原理

①期待値原理

　各確率と金額を用いて加重平均を算出し、期待できる収益が大きいディーラーを選択する考え方である。期待値原理に基づけば、ディーラー X が 892 万円、ディーラー Y が 899 万円となり、よって、ディーラー Y を選択することになる。

　　ディーラー X ＝ 750 × 0.3 ＋ 930 × 0.3 ＋ 970 × 0.4 ＝ 892
　　ディーラー Y ＝ 850 × 0.3 ＋ 880 × 0.3 ＋ 950 × 0.4 ＝ 899

②期待値・分散原理

　期待値はより大きいほうが望ましく、分散値はより小さいほうが望ましく、両者を満たす選択肢を選択する考え方である。すでに、期待値はディーラー X より Y が大きいことがわかっているので、次に分散値を求める。

　　ディーラー X の単純平均 ＝（750 ＋ 930 ＋ 970）÷ 3 ＝ 883

判断基準の設定

分散値＝（(750－883)² ＋（930－883)² ＋（970－883)²）÷3
＝9155.7

　同様に、ディーラーYの分散値を求めると、1755.6となる。よって、ディーラーYを選択することになる。

③最尤未来原理

　起こり得る確率がもっとも高いときの金額を比較して決定する考え方である。最尤未来原理に基づけば、起こり得る確率がもっとも高いのは中古車販売市場の上昇であり（40%）、この時、より有利なディーラーはXとなる。

④要求水準原理

　自分なりに要求水準を決めて、その金額を上回る確率が高い選択肢を選択する考え方である。たとえば、この車の購入金額が900万円であり、この金額を上回るディーラーで売却したいと考えていたとする。要求水準原理に基づけば、ディーラーXが70%の確率で900万円以上、ディーラーYが40%の確率で900万円以上であり、よって、ディーラーXを選択することになる。

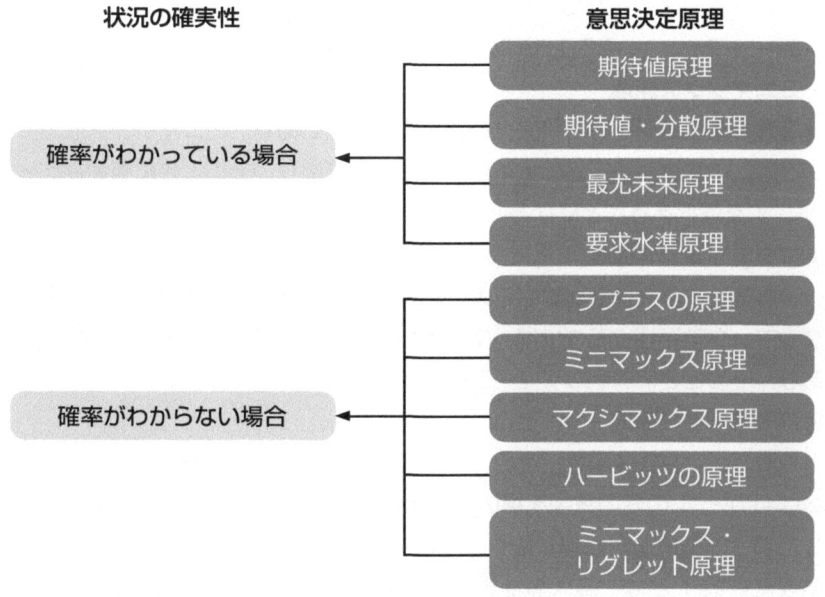

解説

3-3
確率が分からない場合の意思決定原理

> 確率が分からない状況を不確実な状況という。不確実な状況では5つの判断の仕方がある。

● 確率が分からない場合の意思決定原理

先のケースにおいて、今後の中古車販売市場の動向（確率）がわからないような場合もあるだろう。そのような場合の意志決定原理は以下のとおりである。

①ラプラスの原理
起こり得る確率はすべて等しいものとして期待値（単純平均）を算出し、もっとも金額が高い選択肢を選択する考え方である。ラプラスの原理に基づけば、ディーラーYを選択することになる。

ディーラーX = (750+930+970) ÷ 3 = 883.3
ディーラーY = (850+880+950) ÷ 3 = 893.3

②ミニマックス原理
最悪の事態を想定してリスク回避する考え方である。ミニマックス原理に基づけば、中古車販売市場の低下が最悪の事態であり、そのときに有利なディーラーYを選択することになる。

③マクシマックス原理
それぞれの最大値を比較して大きい方の選択肢を選択する考え方である。マクシマックス原理に基づけば、中古車販売市場が上昇する時の金額が最大値であり、そのときに有利なディーラーXを選択することになる。

④ハービッツの原理
係数（a＝楽観度係数）を用いて選択肢を選択する考え方である。楽観度係数は0から1の間の数字を用いる。楽観度係数が0とは、最悪の事態を想定した場合の意思決定原理であり、ミニマックス原理と同じものになる。一方、楽観度係数1とは、最大値を見て決めるマクシマックス原理と同じになる。

判断基準の設定

下の図に示すように、楽観度係数がよほど高くないとディーラーXがYの期待値を上回ることはない。よって、ディーラーYを選択することが妥当と考える。

期待値 ＝ 最大値 × a ＋ 最小値 ×（1－a）
ディーラーX ＝ 970 × a ＋ 750 ×（1－a）＝ 220a ＋ 750
ディーラーY ＝ 950 × a ＋ 850 ×（1－a）＝ 100a ＋ 850

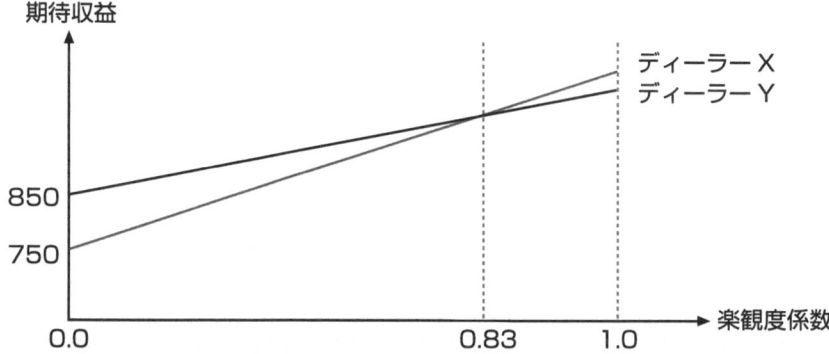

⑤ミニマックス・リグレット原理

　もっとも後悔しない選択肢を選択する考え方である。以下に示すように、3つの中古車販売市場の動向ごとに、どちらのディーラーが損をするのかを算出する（この表のことをリグレット表と言う）。その上で、表を見ながら損をしない選択肢を選択する。ミニマックス・リグレット原理に基づくと、ディーラーYを選択することになる。

今後の市場動向	低下	変化なし	上昇
ディーラーX	▲100万円	0万円	0万円
ディーラーY	0万円	▲50万円	▲20万円

CASE STUDY

4-1 ────────── こんなときどうする？

> 老舗の洋菓子店を経営しているAさん。業績が低迷し、今後の事業展開について議論をはじめた。しかし、社内では目的の見えない手段レベルの議論に終始し、結論が見いだせない状態である。

▌ケース・スタディ

　Aさんは地元で洋菓子店を営んでいる。昭和のはじめに創業した老舗であるが、創業当時は和菓子を製造し、販売していた。3代目のAさんはフランスで洋菓子を修行していた経験があり、近年には事業を拡大するとともに、その軸足を伝統の和菓子から洋菓子に移していった。事業は順調に推移し、取扱商品および店舗数を増やすことができた。ところが、金融バブル崩壊の余波を受け、ここ数年は業績を大きく落とし、経営が苦しくなっている。この経営が苦しくなった問題の本質は2つあると考えられる。

　第1に、商品数を増やして顧客の多様なニーズに応える体制を構築した半面、老舗としての顔が見えなくなっていることである。和菓子店を営んでいた昔は、創業当時から守り続けた味があり、固定客の心を掴んでいた。しかし、洋菓子店に業容を移した現在、商品数が増えるとともに何が当店の売りなのかが見えなくなってしまった。

　第2に、地域が活性化する中、大型スーパーが近くに出店し、スーパー内にある他の洋菓子店と差をつけることが難しくなってしまったことである。老舗の顔が見えず、他の店と差がないならば、安いスーパーに顧客が流れるのは自然なことである。

　こうした中、3代目のAさんは、従業員と今後について話し合う機会を設けた。従業員から出てくる意見は「スーパーに出店している他の洋菓子店の商品構成を調査し、重複している商品を廃止してはどうか」「異なる商品構成を強化すべきだ」「新商品の開発に時間を割くべき」「不採算店舗を閉鎖してはどうか」といった意見が数多く寄せられた。

2章 判断基準の設定

　こうした意見を聞きながら、3代目のAさんは気づいたことがある。従業員から主体的な意見が出てくることは望ましいことであり、まだやるべきことがあることに気づかされる。その反面、意見は手段的であり、何のために実施するのか、目的が不明瞭なものも多い。このまま手段的な対応を採用するとアレモコレモになり、ややもすると会社が空中分解しかねない。

　従業員の間で共有されていないのは当社の存在目的である。会議を終えて自室に戻ったAさんは、本店の蔵に眠っていた創業者直筆の経営理念が書かれた額を机の上に置き、埃を丁寧に取り除いた。現れた文字は「食を通じて地域の発展に資すること、これを旨とする」である。Aさんはこれを眺めながら感慨深げにつぶやいた。「これこそが当社の存在目的である。この存在目的を忘れて経営してきた自分が恥ずかしい。危なく道を踏み外すところだった」と。

設問

　はじめに、あなたの所属する会社（もしくはあなたの考える）の経営理念を思いだしてください。次に、その経営理念が意志決定にどのような影響を与えるのかを考えてください。

　本設問に対する解答例はありません。次ページの解説編を読んで、ご自分の考えと照らし合わせてみて下さい。

解説

4-2
経営理念と意思決定

> 手段レベルの議論に終始するのではなく、理念的な判断基準を持ち、高い次元から意思決定しよう。

ケース・スタディの振り返り

　ケースに登場した老舗の洋菓子店のように、業績が低迷すると経営理念に立ち返り、原点回帰する企業は数多い。それはなぜなのだろうか。

　企業には、創業者の想いがある。これを経営哲学と言い、この経営哲学が文言化されて経営理念となる。さらに、その経営理念がすべての社員に浸透した時、それは企業の文化となる。つまり、企業文化とは意図的につくるものであり、自然発生的に生まれた企業風土と分けて捉えることが多い。

　経営理念には2つの意味がある。第1に企業の存在目的であり、第2に究極の判断基準である。日々の業務的な意思決定で経営理念に気を配ることは少なくても、戦略的な意思決定の場面では極めて重要な要素である。

　ケースに登場した老舗の洋菓子店では、過去において事業を拡大する過程で、自社の存在目的を見失い、手段に走りすぎたため、経営理念にあらためて立ち返ることを思い立ったのだろう。

存在目的としての経営理念

　企業の存在目的は、経済、社会、創造的側面の3つに分けることができる。企業の経済合理的な側面に注目すれば、売上や利益をあげることが重要となる。一方、企業の社会的な側面に注目すれば、広く公益に資することが重要となる。更に、企業の創造的な側面に注目すれば、他社と差異を持って存在し続けることが重要となる。ケースに登場した老舗の洋菓子店は老舗であり、他の伝統的企業がそうであるように社会的な側面を重視した経営理念である。

判断基準の設定

究極の判断基準としての経営理念

　判断基準とは、選択肢を選択する際の拠りどころになるものである。たとえば、不採算店を閉鎖すべきか否かの判断基準として、現在の売上高利益率、今後の市場成長率やマーケット・シェアなどが挙げられる。こうした定量化しやすい判断基準に比べると、経営理念の文言は定性的であり、おおまかである。その分、定量的かつ具体的に議論しても意見を集約できない時、多くは「今、何をして何をやめるべきか」といったレベルの議論をすべき時の究極の判断基準になる。

優れたビジネス・リーダーになるために

　優れたビジネス・リーダーになるためには、手段レベルの議論に終始するのではなく、理念的な判断基準を持ち、高い次元から意思決定することを心がけたら良い。その理由は3つある。

①手段レベルの議論に終始すると打つべき手がアレモコレモになり、経営資源が分散するばかりか、すべてにおいて中途半端になる。すべてが中途半端になるのであれば、それは何もやらないに等しくなる可能性が高くなる。

②手段レベルの議論が多くなると、部下と衝突する機会も多くなる。山登りのケースと合わせて考えてみよう。たとえば、売上や利益を上げることが自社の目指すべき山だとして、その山に登る道はひとつとは限らない。複数の道があり、それぞれが同じ山頂に至るとすれば、どれが正解であり、どれが間違いであるかの判断は難しい。よって、この手段レベルの議論に多くの時間を費やしても意見を集約するのは極めて難しくなる。

③手段レベルの議論に入り込むと、言った手前から発言を撤回できなくなる。そのため、いつの日かやってくる止める意思決定ができなくなる（たとえば、事業の撤退）。止める意思決定はビジネス・リーダーにしかできない役割である。なぜならば、担当者は止めることを前提に仕事をするわけにはいかず、どうすればできるのかを徹底的に考えているからである。

CASE STUDY

5-1 ──────── こんなときどうする？

> 老舗の洋菓子店を経営しているAさん。経営と現場が同じ判断基準を持つことが理想の経営と考えていたが、現実はそうならないことに混迷は深まるばかりである。

■ ケース・スタディ

　手段レベルの議論に終始することなく、理念的な判断基準を持ち、高い次元から意思決定することの重要性を認識したAさんは、経営理念が書かれた額を会議室に持ち込み、従業員に向かって話した。

Aさん　皆さんはお忘れかもしれませんが、当社には「食を通じて地域の発展に資すること、これを旨とする」という経営理念があります。これは私の祖父が当社を創業したときに、誤った道に踏み入らないように戒めとして書いたものです。この経営理念を見てわかるように、食を通じた地域の発展こそ、当社が目指すべき道なのです。

従業員　素晴らしい経営理念だと思います。しかし、隣町の大型スーパーも食を通じて地域の発展に貢献しているのだと思います。つまり、これだけでは生き残ることが難しいという現実に直面しているということではありませんか？

従業員　創業当時は、砂糖を使った和菓子はぜいたく品だったので、甘いお菓子を食べれば明日への活力にもなったことでしょう。しかし、現在はどうでしょうか。和菓子や洋菓子は日常的に買うことができるので、ぜいたく品ではなくなっています。当社の付加価値の源泉は枯れつつあるように思います。今後、何を新たな付加価値の源泉として地域に貢献すべきか、考え直す時期に来ているのでありませんか。

　経営理念は、それが仮に明文化されていなくても、また、常に語っていなくても不文律と考えていた。ところが、従業員の関心は悪く言えば近視眼的、良

2章 判断基準の設定

く言えば社長であるAさん以上に現実的である。

意気消沈したAさんは、日頃から取り引きしている銀行の支店長のところに赴き、正直に現状を話すことにした。

しばらくの間、Aさんの話を黙って聞いていた支店長は次のように切り出した。

支店長 Aさん、経営理念は会社にとって大切なものです。しかし、現実と向き合っている従業員に経営理念を語って理解してもらおうと思っても、それは難しいことです。

Aさん そうでしょうか。

支店長 そうですよ。経営理念は企業の存在目的であり、ビジネス・リーダーであるAさんが持つべき判断基準です。しかし、従業員が持つべき判断基準はもっと現実を直視したものでなければ…。

それに、地域の発展に寄与することはありがたいことですが、うちとしても儲けてくれなければ、これ以上、融資を続けることはできません。そもそも利益がなければ納税できず、それでは地域の発展にも寄与できないのではありませんか？

支店長の言葉にAさんは愕然とした。経営と現場が同じ判断基準を持つことが理想の経営と考えていたからである。Aさんの混迷は深まるばかりである。

設問

はじめに、あなたのビジネスにおけるステイクホルダー（利害関係者）を洗い出して下さい。次に、ステイクホルダーによって判断基準が異なる事例を挙げてみて下さい。

この設問に対する解答は、次ページのケーススタディの振り返りを参考にして下さい。

解説

5-2
ステイクホルダー分析

> リッチ・ピクチャを使って状況を俯瞰することで、問題解決のための手段（how）ではなく、「本当に大切なことは何か（what）」「それはなぜなのか（why）」を考え続けよう。

● ケース・スタディの振り返り

ビジネスは複数のステイクホルダー（利害関係者）の上に成り立っている。ステイクホルダーは、株主、顧客、取引先、協力会社、従業員、その家族に至るまで多様であり、受益者がいれば被害者もいる。つまり、案件の成否によって影響を受けるステイクホルダーがいる以上、彼らの期待に応える判断基準であることが望ましい。

しかし、ケースに登場した老舗の洋菓子店がそうであるように、ステイクホルダーによって判断基準は異なるものであり、ときに相矛盾する。よって、これをひとつに合わせるのは難しい。こうした矛盾は、業績が順調であり、それなりに仕事が回っているときは露呈しないものだが、業績が低迷したり、何かの責任を伴う判断が必要なときに堰を切ったように噴き出す事例を見かける。

● ステイクホルダー分析

矛盾を解消しステイクホルダーの期待に応える判断基準をつくるためには、その前提として以下に示す4つの情報を押さえておきたい。
①ステイクホルダーは誰なのか。
②彼らは何に問題を感じているのか。
③私たちに対して何を期待しているのか。
④彼らのうち、力を持っているステイクホルダーは誰なのか。
この4つの情報を押さえる時に役立つツールがリッチ・ピクチャである。

判断基準の設定

　リッチ・ピクチャは、一般の問題解決技法のように問題解決のための手段（how）を検討するツールではない。手段（how）ではなく、「本当に大切なことは何か（what）」「それはなぜなのか（why）」を考えるツールである。

　リッチ・ピクチャをつくることは難しいことではない。普段、私たちが頭の中に描いているイメージ図を可視化したに過ぎない。詳細な作成手順はトレーニング・ファームの専門的なセミナーに委ねるが、実務で用いる際には以下の2つの作成ポイントがあることを書き添えておく。

　①曖昧ではなく具体的なテーマを設定することである。これによって、押さえるべき情報が拡散したり、ぶれたりすることを防げる。次ページのケースに当てはめて言えば、テーマは「低迷する事業を再構築する際の判断基準を考えるリッチ・ピクチャ」となる。

　②情報を押さえる際、事実情報に限定し、後から解釈を加える作業を行なう。事実に限定するのは誤った推測が入り込むのを防ぐためである。また、解釈を加えるのは、何を大切と考え、それがなぜなのかを判断することが作成の目的だからである。

●優れたビジネス・リーダーになるために

　スカンジナビア航空のCEOだったヤン・カールソンが書いた名著「真実の瞬間」（ダイヤモンド社）の中に「ヘリコプター・センス」という言葉が出てくる。ヘリコプターから地上を見るように、リーダーは状況を俯瞰すべきことを諭している。

　リッチ・ピクチャを使って状況を俯瞰することで、問題解決のための手段（how）ではなく、「本当に大切なことは何か（what）」「それはなぜなのか（why）」を見つけよう。それが優れたビジネス・リーダーになるための要件である。

解説

老舗洋菓子店でのリッチ・ピクチャの事例

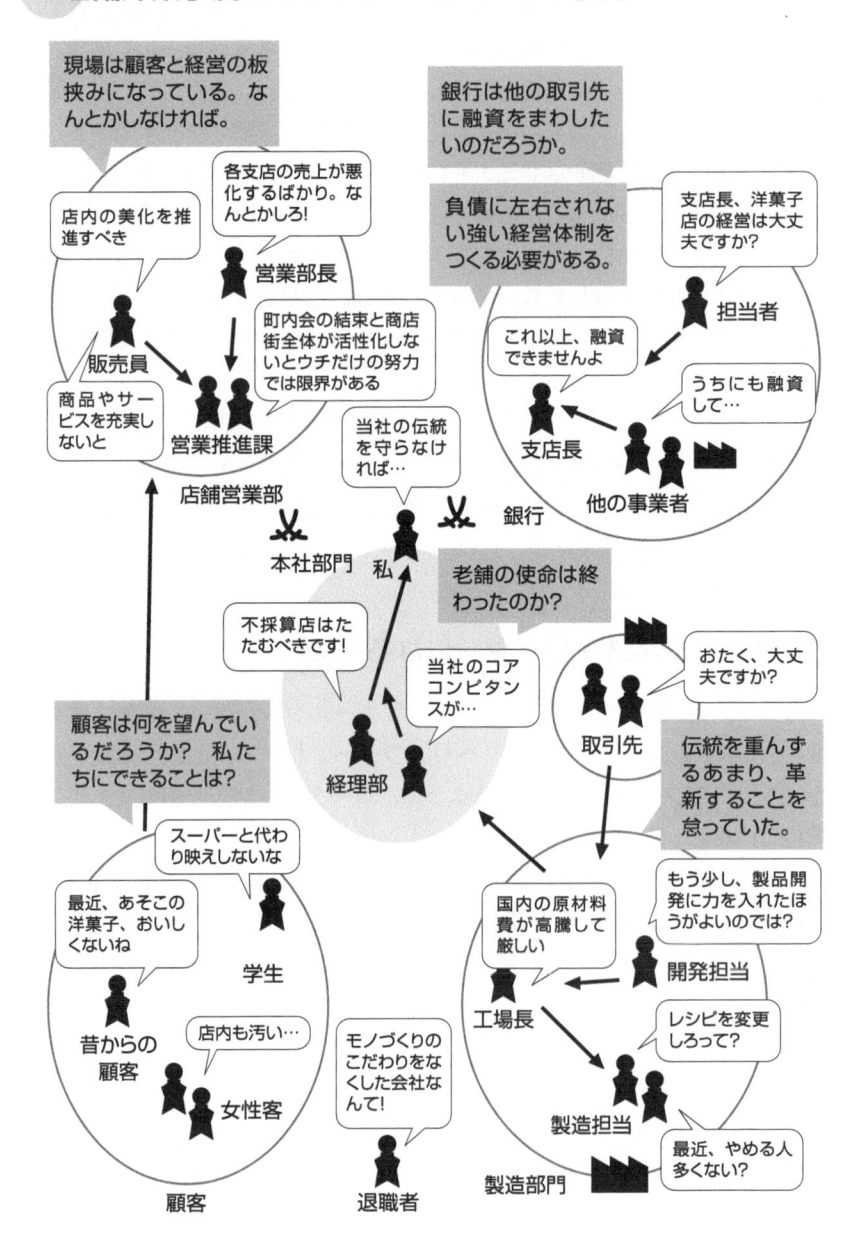

店舗営業部

- 現場は顧客と経営の板挟みになっている。なんとかしなければ。
- 店内の美化を推進すべき
- 各支店の売上が悪化するばかり。なんとかしろ！（営業部長）
- 販売員：商品やサービスを充実しないと
- 営業推進課：町内会の結束と商店街全体が活性化しないとウチだけの努力では限界がある

銀行

- 銀行は他の取引先に融資をまわしたいのだろうか。
- 負債に左右されない強い経営体制をつくる必要がある。
- 担当者：支店長、洋菓子店の経営は大丈夫ですか？
- 支店長：これ以上、融資できませんよ
- 他の事業者：うちにも融資して…

本社部門／私

- 当社の伝統を守らなければ…
- 老舗の使命は終わったのか？
- 不採算店はたたむべきです！
- 経理部：当社のコアコンピタンスが…

顧客

- 顧客は何を望んでいるだろうか？ 私たちにできることは？
- 学生：スーパーと代わり映えしないな
- 昔からの顧客：最近、あそこの洋菓子、おいしくないね
- 女性客：店内も汚い…
- 退職者：モノづくりのこだわりをなくした会社なんて！

製造部門

- 伝統を重んずるあまり、革新することを怠っていた。
- 取引先：おたく、大丈夫ですか？
- 工場長：国内の原材料費が高騰して厳しい
- 開発担当：もう少し、製品開発に力を入れたほうがよいのでは？
- 製造担当：レシピを変更しろって？ 最近、やめる人多くない？

26

2章 判断基準の設定

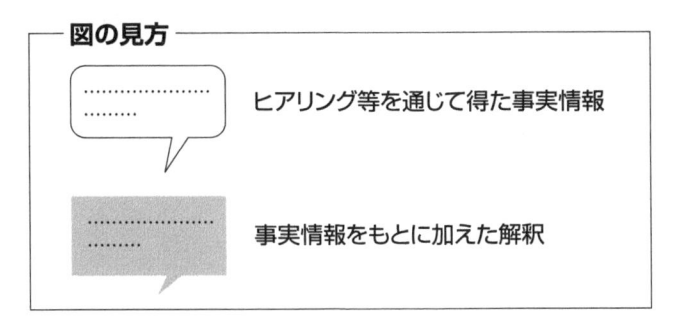

図の見方

［……… 吹き出し（白）………］ ヒアリング等を通じて得た事実情報

［……… 吹き出し（グレー）………］ 事実情報をもとに加えた解釈

解説編

CASE STUDY

縦書き: ケース・スタディ編

6-1 　　　　　　　こんなときどうする？

> 老舗の洋菓子店を経営しているAさん。リッチ・ピクチャを使ってステイクホルダーの期待は見えてきたが、意見のレベル合わせができずに窮してしまった。

ケース・スタディ

　Aさんはリッチ・ピクチャでステイクホルダーを分析し、あらためて従業員と話し合う機会を設けることにした。リッチ・ピクチャを見た従業員の反応は次のようなものであった。

従業員　誰がどんな意見を持っているのかが可視化できてわかりやすいです。
従業員　今まで「ああでもない」「こうでもない」と不明確な根拠のもとで議論していましたが、リッチ・ピクチャを見ながら議論すれば生産的ですね。
Aさん　それでは、さっそく個々の意見を見てみよう。業績向上のための判断基準が見えてくるだろうか。
従業員　本社部門の従業員からは、採算性を重視した意見が多く出ています。
Aさん　重要な判断基準だね。
従業員　店舗の従業員たちは、商品やサービスの充実を重視していますね。
Aさん　本店の従業員たちは費用の削減に関心があり、店舗の従業員たちは売上の拡大に関心がある。役割の違いが意見の違いに至ったのでしょう。
従業員　業績向上という同じ山に登るにしても、アプローチが違っていて面白いですね。
Aさん　店舗の従業員の中でもアプローチの違いはあるのかな。
従業員　あります。ある従業員は店内の美化を推進すべきだと言っています。別の従業員は町内会の結束と商店街全体の活性化を唱えています。
Aさん　どちらも業績向上が目的なんだろうか。
従業員　難しいところですね。リッチ・ピクチャを使うことで、個々のステイ

クホルダーが何を大切に考え、それがなぜなのかを知ることができました。でも、意見のレベルが異なるので、これらを収束して判断基準に結びつけるのは難しいように思います。
従業員 これは困ったな。
Aさん たしかにそうですね。このような場合は、リッチ・ピクチャ以外にレベル合わせの新たなツールが必要になりますね。
従業員 それってどんなツールですか。
Aさん う〜ん。そうだな…。

設問

　店内の美化と商店街の活性化は、どちらも店舗の業績向上を目的としていると仮定します。しかし、店内の美化と業績向上は直接結びつきません。商店街の活性化も同様です。2つの要素はそれぞれどのような因果関係があって業績向上に結びつくのでしょうか。については、因果関係を精緻に整理してください。

上記の設問に対する模範解答は31ページにあります。

解説

6-2
目的展開図

> システム思考よって、要素と要素間の関係性を明らかにし、局所最適ではなく、全体最適を目指そう。

● ケース・スタディの振り返り

　人は行動の背景にある意味を問う存在であり、意味のないことに対して耐えることのできない存在である。たとえば、朝起きるのは1日をはじめるためであり、食事をとるのは生きるためである。これに対して、1日なにもせずに部屋でじっとしているのは、はじめこそ喜ばしいと感じる人もいるかもしれないが、次第に飽きると共に苛立ちを感じることだろう。なにもしないことに意味を感じられないからである。

　ケースについて考えてみよう。店内の美化や商店街全体の活性化の背景には、かならずやその人なりの意味が含まれているはずである。ここで言うところの意味とは、目的のことである。

　それでは、店内の美化というアクティビティ（活動）はどのような目的に基づく考えだろうか。たとえば、店内が汚いから綺麗にしたいだけかもしれない。これでは問題状況を反転しただけの目的だが否定はできない。「おなかが空いているからご飯を食べる」と同じ類いである。しかし、「人はパンのみにて生くる者に非ず」という新約聖書の言葉があるように、他のより高い次元の目的も考えられる。

　この高い次元の目的を見つけるツールとして「目的展開図」がある。アクティビティ（活動）ベースから上位にある目的を明らかにすることで、手段と目的を体系的に整理するツールである。ちなみに、目的からアクティビティ（活動）に落とし込む逆のツールが「新QC7つの道具の系統図」である。

判断基準の設定

目的展開図

　目的展開図の作り方は下の図を参照願いたい。ここでは、目的展開図の効果について書き添えておく。
　①異なるレベルのアクティビティであっても高次の目的を探ることによって目的の共通性を見つけることができる。目的の共通性が見つかれば、判断基準に結びつけるのが容易になる。
　②より高い次元の目的に遡り、その上で系統図に落とし込むことで、もっと多くのアクティビティを見つけることができる。多くのアクティビティが見つかれば、より質の高い選択肢を選択できるようになる。

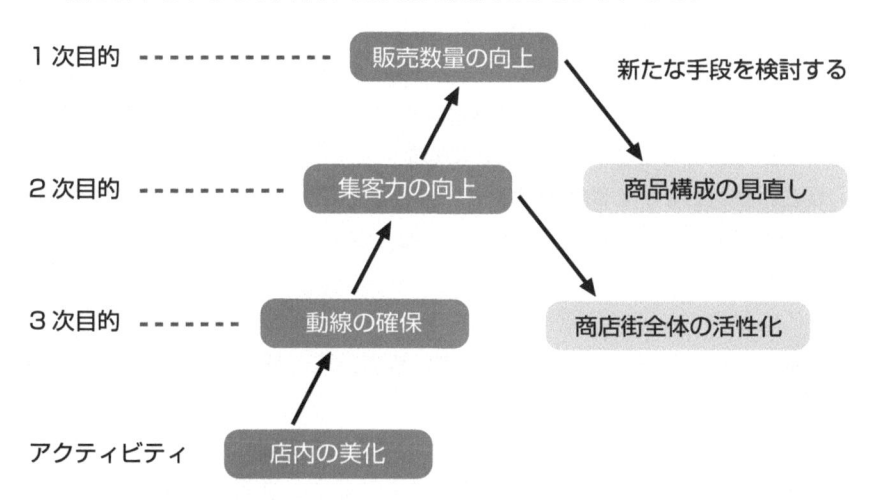

```
1次目的 ------------ 販売数量の向上         新たな手段を検討する

2次目的 ---------- 集客力の向上           商品構成の見直し

3次目的 -------- 動線の確保             商店街全体の活性化

アクティビティ   店内の美化
```

優れたビジネス・リーダーになるために

　時代環境が複雑さを増し混迷を極めるようになってから、システム思考という言葉が注目されるようになった。このシステム思考によって、要素と要素間の関係性が明らかになり、局所最適ではなく、全体最適が可能になる考え方である。
　目的展開図を使うことで、ステイクホルダーによって異なる期待の共通性を見つけることもできるだろう。

CASE STUDY

7-1 ─────────── こんなときどうする？

> 洋菓子店を経営しているAさん。起死回生を狙って期間限定の店舗を出店することにした。しかし、複数の選択肢と複数の判断基準があるために候補地を絞り込めずに悩み始めた。

▌ケース・スタディ

　老舗の洋菓子店を経営しているAさん。今までは路面店を中心に展開してきたが、起死回生を狙って大型スーパー内に店舗を出すことにした。しかし、いきなり恒久的な店舗を出すのは投資金額から鑑みて難しいと判断し、期間限定の店舗にとどめて様子をみることにした。

　現在、検討している候補地はスーパーXからZまで3つある。この中からひとつの候補地を選択しようと考えている。以下は、候補地の選定会議の様子である。

従業員　私は、スーパーXがよいと思います。スーパーXは駅から近くて集客力がありますから。
Aさん　なるほど。集客力が判断基準ということだね。
従業員　私もスーパーXがお勧めです。当社の商品構成と顧客の年齢層がうまくマッチングしていますから。
Aさん　ほほう。するどい指摘だね。
従業員　私は、スーパーYをお勧めします。Yは店舗スペースが他の候補地よりも広いので、混雑を敬遠するお客様まで取り込むことができます。
Aさん　たしかに。店舗の広さも重要な判断基準だね。
従業員　私は、スーパーZがいいなぁ。Zは広大な複合施設の中にありますから、顧客の滞留時間が長いところに魅力があります。
従業員　スーパーZは本社から近い距離にあるから販売スタッフの応援も出しやすいしね。

判断基準の設定

Aさん　う〜ん。みんなばらばらだね。この調子ではひとつに絞り込むことが難しいなぁ。ここで何が判断基準として必要なのかを整理してみましょう。

結局、従業員と議論して出てきた判断基準は以下に示す6つである。
- 集客力
- 店舗スペースの広さ
- 什器設置の自由度
- 顧客の年齢層
- 滞留時間
- 本社からの距離

Aさん　それにしても判断基準がたくさん出てきましたね。
従業員　どれもこれも重要なことばかりです。
従業員　これでは候補地を絞り込むのが難しいですね。
Aさん　さて、どうしたものか…。

設問

複数の選択肢と複数の判断基準があるために選択肢を絞り込めずに悩み始めたAさん。もし、あなただったら、どのようにして候補地を絞り込むでしょうか。良い方法を考えてみてください。

解答例

たとえば、等価交換メソッドやAHP法があります。本節では等価交換メソッドを解説し、次節ではAHP法を解説します。

解説

7-2
等価交換メソッド

> 等価交換の考え方は勝るものを手に入れ、劣るものを捨てるという大胆な思考である。この大胆な思考こそ、優れたビジネス・リーダーに求められる要件である。

● ケース・スタディの振り返り

　選択肢を選択する判断基準はひとつとは限らない。ケースのように、複数の選択肢と複数の判断基準がある場合、その組み合わせを考えてもわかるように分析、判断は複雑を極める。

● 等価交換メソッドとは

　この複雑な組み合わせを紐解き、意思決定に結びつけるメソッドに等価交換メソッドがある。等価交換とは同じ価値のものを交換することを意味し、交換の結果、劣る選択肢を排除し、勝る選択肢を選択するという考え方を用いる。
　たとえば、A地点からB地点に行く高速道Xと一般道Yの2つのルートがあるとする。一方、ひとつのルートを選択する判断基準が、時間、コスト、快適さの3つだとする。2つのルートを3つの判断基準で評価したところ、高速道Xはスピードが出せるために時間で満点の5点になり、一般道Yは通行料が無料のためにコストで5点がついたとする。この場合、時間とコストを同じ価値と見なして等価交換し、残りの快適さで勝るルートを選択するという考え方である。
　等価交換メソッドのメリットは、難しい分析を単純にすることで意志決定を迅速にできるところにある。しかし、プライベートや業務的な意志決定ならまだしも、ビジネス案件の選択にこの方法をそのまま用いることは一般的ではない。

判断基準の設定

等価交換メソッドの具体例

　下の表は等価交換メソッドの具体例である。ロジックは説明するまでもなく結果は一目瞭然であり、スーパー Z を選択することが正しい意思決定になる。

　もう一方の表は判断基準に優先順位をつけて検討したものである。優先順位をつけるだけでは定量的に測ることができないので、次に優先順位に応じたウェイトを入れている。優先順位がもっとも高い判断基準にはウエイト 1.0 を入れ、後は順位が下がるほど、ウェイトの数字を小さくする。上限は 1.0 であり、下限は 0.1 である。なお、表では最低が距離の 0.5 になっている。つまり、最低であっても中程度以上に重視していることがわかる。

　次に、ウエイトと各評価の素点を掛けることでウェイトに応じた評価点を算出する。その結果、今度はスーパー Y が他に勝っている。これは判断基準の中でも店舗の広さを重視し、この点においてスーパー Y が勝っているためである。

＜等価交換メソッド＞

候補	集客力	広さ	自由度	年齢幅	滞留	距離	計
スーパーX	4	2	2	4	2	2	16
スーパーY	3	5	3	2	4	2	19
スーパーZ	4	2	3	3	4	4	20

＜等価交換メソッド＞

候補		集客力	広さ	自由度	年齢幅	滞留	距離	計
優先順位		3	1	5	3	2	6	
ウエィト		0.8	1.0	0.6	0.8	0.9	0.5	
候補地	X	4(3.2)	2(2.0)	2(1.2)	4(3.2)	2(1.8)	2(1.0)	12.4
	Y	3(2.4)	5(5.0)	3(1.8)	2(1.6)	4(3.6)	2(1.0)	15.4
	Z	4(3.2)	2(2.0)	3(1.8)	3(2.4)	4(3.6)	4(2.0)	15.0

5…もっとも適している、3…普通、1…まったく適していない

優れたビジネス・リーダーになるために

　リスク・リターン分析、コスト・ベネフィット分析といったビジネス案件の分析で用いる各メソッドは、この等価交換の考え方をベースにしている。等価交換の考え方は勝るものを手に入れ、劣るものを捨てるという大胆な思考である。この大胆な思考こそ、優れたビジネス・リーダーになるための要件である。

解説

8-1
AHP法

> 自分は何を知っていて何を知らないのか、「知識の限界」を知ること、それが優れたビジネス・リーダーに求められる要件である。

● AHP法とは

　AHPとは、Analytic Hierarchy processの略である。複数の選択肢、複数の判断基準の組み合わせから、もっとも最適な選択肢を分析、判断するツールである。

● AHP法のロジック

　たとえば、ある人が車の購入を検討しているとする。購入の目的は、通勤に使用することと週末のドライブを楽しむことである。この2つが上位目的である。しかし、上位の目的で複数の選択肢からひとつの車を絞り込むのは難しい。目的は目的であり、判断基準になり得るほど具体的ではないからだ。そこで、今度は下位目的を検討する。既述の目的展開図の逆をイメージすればわかりやすい。

　たとえば、通勤に見合う判断基準が「燃費が良い」「小回りが利く」「頑丈である」であり、週末のドライブに見合う判断基準が「デザインが美しい」「加速が良い」「シートが疲れない」だとする。ここまで具体化できれば、複数の車からひとつの車を絞り込むのは容易である。

　AHPは一対比較の考え方を用いる。一対比較とは、2つの要素の比較である。たとえば、候補となる車がXからZまで3車種あり、「燃費が良い」という判断基準に基づいてXとY、YとZ、ZとXのそれぞれを一対比較して、もっとも勝っている車がどれかを決める。より具体的に、X>Y、Y<Z、Z<Xが分析結果だとすれば、燃費がもっとも良いのはXとなる。これがAHP法

判断基準の設定

のロジックである。

　更に分析を繰り返した結果、小回りがもっとも利くのがY、もっとも頑丈なのがZだとする。このままでは通勤にもっとも適している車がどれか絞り込めない。そこで、今度は、燃費、小回り、頑丈の3つの判断基準の優劣を分析する。分析の結果、燃費＞小回り、小回り＞頑丈、頑丈＜燃費となれば、燃費がもっとも勝っており、この条件を満たすXを選択することになる。更に、同じやり方で「週末のドライブ」について分析した結果、Yがもっとも勝っていたとする。ここまでくれば、最後は2つの目的を一対比較して、より優先すべき目的の条件を満たしている車を選択すればよい。

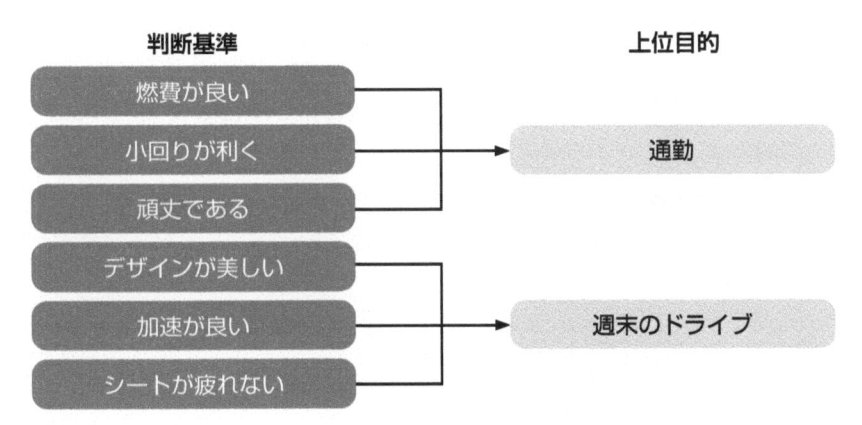

判断基準　　　　　　　　　　　　**上位目的**

- 燃費が良い
- 小回りが利く　　　　→　通勤
- 頑丈である

- デザインが美しい
- 加速が良い　　　　　→　週末のドライブ
- シートが疲れない

● 優れたビジネス・リーダーになるために

　AHP法は、分析する者の思い込みや認識の歪みを受けるツールであるが、人の主観を反映した優れたツールという言い方もできる。

　事実、情報、データをどんなに積み重ねても100％の確実性を保障できない以上、かならず人の主観が分析の中に入り込む。つまり、主観は排除すべきものではなく、うまく付き合うべきものである。そのためには、第1に、人にはどのような認識の歪みがあるのかを知ることである。第2に、自分は何を知っていて何を知らないのか、「知識の限界」を知ることである。知識の限界を超えたところで認識の歪みが露呈するからである。自分の知識の限界を知ること、それが優れたビジネス・リーダーに求められる要件である。

CASE STUDY

8-2 ── AHP法の具体例

> 老舗の洋菓子店を経営しているAさん。AHP法を使うことで複数の判断基準、複数の選択肢の中からひとつの候補地を選ぶことができた。

ケース・スタディ

　Aさんは「集客力」「店舗スペースの広さ」「什器設置の自由度」「顧客の年齢層」「滞留時間」「本社からの距離」の6つの判断基準の上位目的は何かについて、目的展開図を使って確認作業を行なった。その結果、判断基準と上位目的の関係は以下のとおりである。

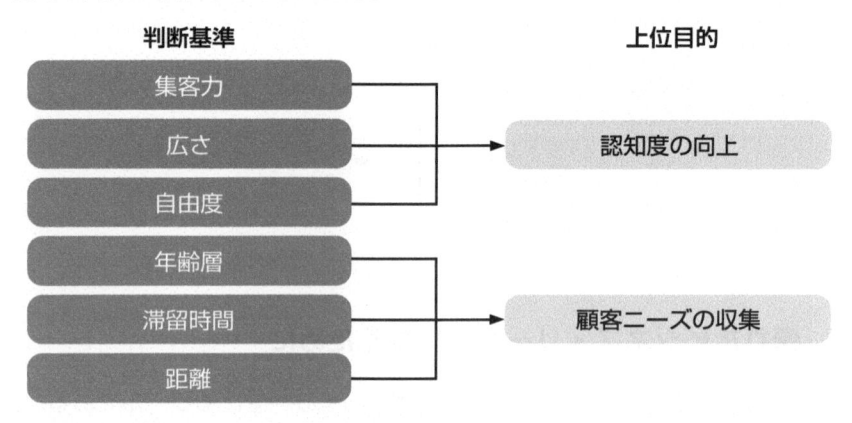

判断基準 → **上位目的**

- 集客力
- 広さ　　　→ 認知度の向上
- 自由度

- 年齢層
- 滞留時間　→ 顧客ニーズの収集
- 距離

　期間限定の店舗を出す目的は、業績の向上そのものではなく、そのための下地づくりである。よって、顧客の認知度の向上と顧客ニーズの収集がより重要であることを確認した。
これ以降、Aさんの分析とAHP法による結果を順を追ってみてみよう。

判断基準の設定

AHP法による分析

　AHP法による分析は、前述の一対比較のほか、幾何平均を用いる簡便な方法がある。計算式さえ間違えなければ、専用ソフトでなくともMicrosoft-excelで十分対応できる。

　分析の結果は40ページに示したとおりである。最後にある総合計欄を見ると、スーパーYが0.44であり、他に勝っていることがわかる。この結果を踏まえてAさんはスーパーYを期間限定の店舗にすることを選択した。

従業員　社長。ちょっと結果について考察を加えてみませんか。
Aさん　もちろん。
従業員　決め手は店舗の広さでしたね。他の判断基準よりも重きが置かれており（0.64）、スーパーYが他に勝っていることから（0.71）、この数字の大きさが全体に影響を与えたと見ることができますね。
Aさん　たしかにそのとおりだね。
従業員　その一方で、スーパーZは他のスーパーに比べて本社に近く、スタッフを派遣できるメリットがありますが、判断基準のウェイトが小さいので、点数が伸びませんでした。
Aさん　AHP法を使うことで、いろんなことが見えてきたね。なによりも、こうしてAHP法の結果をみながら、お互いにコミュニケーションがとれるようになった。リッチ・ピクチャも含めてコミュニケーション・ツールとしても優秀だね。

CASE STUDY

「行」は「列」に比べて、(1 同等、3 やや優れている、5 かなり優れている、
7 非常に優れている、9 極めて優れている)

分析(1) 集客力

	X	Y	Z	幾何平均	優劣
X	1.00	5.00	1.00	1.71	0.45
Y	0.20	1.00	0.20	0.34	0.09
Z	1.00	5.00	1.00	1.71	0.45
				3.76	

分析(2) 広さ

	X	Y	Z	幾何平均	優劣
X	1.0	0.2	1.0	0.58	0.14
Y	5.0	1.0	5.0	2.92	0.71
Z	1.0	0.2	1.0	0.58	0.14
				4.09	

分析(3) 自由度

	X	Y	Z	幾何平均	優劣
X	1.0	0.3	0.3	0.48	0.14
Y	3.0	1.0	1.0	1.44	0.43
Z	3.0	1.0	1.0	1.44	0.43
				3.37	

分析(4) 年齢層

	X	Y	Z	幾何平均	優劣
X	1.0	5.0	3.0	2.47	0.64
Y	0.2	1.0	3.0	0.41	0.10
Z	0.3	3.0	1.0	1.00	0.26
				3.87	

分析(5) 滞留

	X	Y	Z	幾何平均	優劣
X	1.0	0.2	0.2	0.34	0.09
Y	5.0	1.0	1.0	1.71	0.45
Z	5.0	1.0	1.0	1.71	0.45
				3.76	

分析(6) 距離

	X	Y	Z	幾何平均	優劣
X	1.0	1.0	0.2	0.58	0.14
Y	1.0	1.0	0.2	0.58	0.14
Z	5.0	5.0	1.0	2.92	0.71
				4.09	

ケース・スタディ編

2章 判断基準の設定

分析(7) 認知度の向上

	集客力	広さ	自由度	幾何平均	優劣
集客力	1.0	0.3	3.0	1.00	0.26
広さ	3.0	1.0	5.0	2.47	0.64
自由度	0.3	0.2	1.0	0.41	0.10
				3.87	

分析(8) 顧客ニーズの収集

	年齢層	滞留	距離	幾何平均	優劣
年齢層	1.0	3.0	5.0	2.47	0.64
滞留	0.3	1.0	3.0	1.00	0.26
距離	0.2	0.3	1.0	0.41	0.10
				3.87	

分析(9) 認知度の向上

	認知度の向上	顧客ニーズの収集	幾何平均	優劣
認知度の向上	1.0	3.0	1.73	0.75
顧客ニーズの収集	0.3	1.0	0.58	0.25
			2.31	

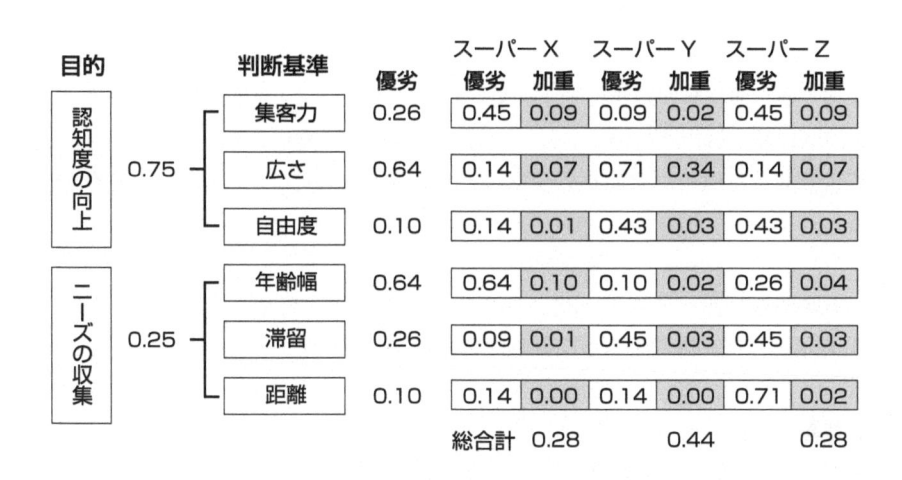

目的		判断基準	優劣	スーパーX		スーパーY		スーパーZ	
				優劣	加重	優劣	加重	優劣	加重
認知度の向上	0.75	集客力	0.26	0.45	0.09	0.09	0.02	0.45	0.09
		広さ	0.64	0.14	0.07	0.71	0.34	0.14	0.07
		自由度	0.10	0.14	0.01	0.43	0.03	0.43	0.03
ニーズの収集	0.25	年齢幅	0.64	0.64	0.10	0.10	0.02	0.26	0.04
		滞留	0.26	0.09	0.01	0.45	0.03	0.45	0.03
		距離	0.10	0.14	0.00	0.14	0.00	0.71	0.02
		総合計			0.28		0.44		0.28

CASE STUDY

ケース・スタディ編

9-1 ──────── こんなときどうする？

> 老舗の洋菓子店を経営しているＡさん。期間限定の店舗開発について目処が立ち、事業の改善計画も含めて取引銀行の支店長と話し合う機会を設けた。ところが…。

ケース・スタディ

　Ａさんは、従業員たちと作成した事業の改善計画を持って取引先銀行の支店長のもとを訪れた。改善計画の柱は次のとおりである。

①製造原価を見直し、損益分岐点を引き下げる。
②赤字店舗については人件費を圧縮することで当面は対応する。
③今後の出店は投資回収が難しい路面店から大型スーパー内の出店に切り替えることを模索する。

　Ａさんにとって、この改善計画は身を引き裂かれる思いである。過去において、原材料費の高騰に耐えかね、国内で調達していた原材料を海外のものに変えたり、使用量を減らしたりしたことがある。その結果、固定客は店から離れ、圧縮できた原材料費以上に売上を落としてしまった。人件費の圧縮も長期的に見れば良策とは思えない。しかし、銀行の融資を継続してもらうためには、ここまでやらなければ支店長の了解は得られないというのがＡさんの読みである。

　１時間が経過してＡさんは支店の応接室から出てきた。そこで待っていた従業員にＡさんは次のように話しかけた。

従業員　社長。どうでしたか？
Ａさん　練り直しが必要そうです。収益構造の見直しについては良いのですが、

2章 判断基準の設定

成長戦略の作り込みが甘いと指摘を受けました。
従業員 あんなに一所懸命かんがえた改善計画なのに「甘い」だなんて。
Ａさん 仕方ありません。スーパー内の出店を強化するといっても抜本的な改善とは言えません。それに、期間限定の店舗で調査することからはじめるようでは対応が遅く、「甘い」と言われても返す言葉もありません。融資を切られたら、うちのような小さな会社はひとたまりもありませんから。
従業員 わかりました。落ち込むのはもうやめましょう。どうしたらよいのか、もう一度、みんなで考えてみましょう。

　Ａさんが落ち込んだ顔をしているのは、支店長に事業の改善計画を否定されたからではない。従業員の前では勇ましいことを言っていても銀行の支店長の前では萎縮してしまうことに落ち込んでいるのである。まるで学校の先生の前に立った生徒と同じである。
　こんな日は会社に戻るのをやめて愛車でかっとばしたい気分になるが、その愛車も今ではディーラーの手元にある。Ａさんは、古くなった営業用バンに乗ってみんなと一緒に本社に帰るしか選択する余地はなかった。

設問

　Ａさんは、従業員の前では勇ましいことを言っていても銀行の支店長の前では萎縮してしまうと言っています。ここには、どのような人間心理が影響しているのでしょうか。自分なりの考えをまとめてください。

解答例

　支店長は資金の貸し手であり、Ａさんは借り手となることから、両者の立場の違いが主従関係のようなものを生んでいると考えることができます。詳しくは次ページ以降で解説します。

解説

9-2
権威に対する服従

> 不合理な権力の集中を分散させ、第三者による公正な評価を心がけること、それがバイアスによる弊害を防ぐことになる。

● ケース・スタディの振り返り

「長いものには巻かれろ」という諺があるように、人には強い者や上の者に無条件で従う傾向がある。ケース・スタディの中で、Aさんは従業員の前では勇ましいことを言っていても銀行の支店長の前では萎縮してしまうと言っている。こうした人間心理のことを「権威に対する服従」と言う。

● 問題の本質

人が人に権威性を感じる理由は3つある。第1に、専門性である。専門家の言うことは信じやすい。第2に、パーソナリティである。自信のある態度（風貌、服装、口調、振舞い）に人は権威を感じることがある。第3に、地位である。この地位の違いが権威性の違いに至り、相手に対する服従心を生む。ここでは権威性の違いのことをパワー格差と呼ぶことにする。

たとえば、上司と部下では上司のほうが強いパワーを持っている。その背景にあるのは決定権である。どんなにメンバーが反対しようにも、最終的には上司の意思決定が優先される。

このほか、パワー格差は、グループ本社とグループ企業、部門と部門の間にも存在する。組織図上では対等な関係に見えるが、現実は強い部門と弱い部門がある。たとえば、ケースに登場した老舗の洋菓子店が大型スーパーに洋菓子を卸しているとする。大型スーパーのバイイング・パワーは強く、洋菓子店の社内では強い顧客と接点を持っている営業部門が強くなりやすい。結果として、開発や製造部門は営業部門に強いられ、営業部門の意思決定が仮に誤っている

判断基準の設定

としても反論ができなくなる。

優れたビジネス・リーダーになるために

　組織における不合理なパワー格差は、できるだけ是正しなければならない。前述のとおり、パワー格差の背景にあるのは決定権である。よって、全体最適の観点から誰に対して、どのような決定権を持たせるのがよいのかを考察し、不合理であれば権限を他の者に移し、集中しているならば分散させることを検討すべきである。

　しかし、パワー格差があるからこそ、仕事が順調に流れているのも事実である。もし、役職の上下間や部門間でパワー格差がなくなったらどうなるだろうか。全体の合意形成ができるまで話し合われることになり、業務や意思決定は停滞する。このように考えると、パワー格差は必要悪であることに気づく。格差があるから仕事は流れるのである。

　一方、パワー格差の根源がパワーを発揮している人のパーソナリティだったらどうだろうか。高圧的な上司、人の意見を聞かない上司など、おそらくは抜本的に解決することはできず、歯止めをかけるのが精一杯だろう。人間のパーソナリティは歴史の中で作られたものであり、これを変えるとなれば同じ年数が必要と考えるからである。

　歯止めをかけるとは、今以上に悪くならないようにすることである。たとえば、問題となる上司よりもさらにパワーを持った上位者に問題解決の支援を依頼したり、第三者が意思決定プロセスの中に入って公正な評価を行なってもらうことである。画期的ではないが歯止め策としては検討に値する。

　不合理な権力の集中を分散させ、第三者による公正な評価を心がけること、それがバイアスによる弊害を防ぐことになる。

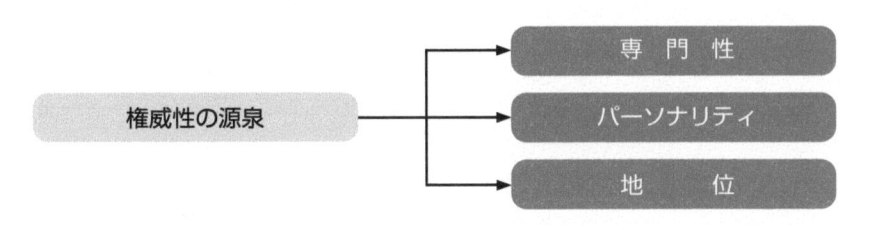

```
                    ┌─→  専 門 性
権威性の源泉  ──────┼─→  パーソナリティ
                    └─→  地 位
```

3

幅広い選択肢の検討

CASE STUDY

ケース・スタディ編

10-1 ── こんなときどうする?

> アパレル・メーカーの経営企画室の担当者であるAさん。成長戦略の軸足をアジアに移すべく、戦略資料を作成した。ところが、提出を受けた上司の室長はAさんにやり直しを命ずる。その理由は?

■ ケース・スタディ

　アパレル・メーカーの経営企画室の担当者であるAさん。Aさんの会社は、川上(衣料用繊維、機能性素材の研究開発)から川下(最終製品であるインナーウェアの製造)に至るまで、幅広く事業を展開している会社である。

　国内は少子高齢化の影響を受けて市場は縮小傾向にあり、他の多くの業界と同じように価格競争の泥沼に陥っている。そうした中、同社が新たに開発した機能性素材を用いたインナーウェアの発売は明るいニュースではあるが、インナーウェアの市場全体からすれば規模は限られている。そのため、当社の社長は成長戦略の軸足をアジアに移し、新市場の創造に経営資源を傾斜配分することを決意した。

　ここでAさんに課せられた使命は、アジアにおける成長戦略を描くことである。日頃から国内市場の現状に問題意識を持っていたAさんは、リサーチ会社から情報を受けながら、一気にプランを書き上げた。

　資料の提出を受けたAさんの上司である経営企画室長は、Aさんを会議室に呼んで次のように語った。

室長　Aさん、先日提出してくれた戦略資料ですが、もう一度、やり直しをお願いします。
Aさん　どういうことですか。かなり自信があったのですが。
室長　その自信が邪魔をしたのかもしれませんね。
Aさん　とおっしゃいますと? アジアX社の買収計画に無理があったでしょうか。

幅広い選択肢の検討

室長 そんなことはありません。Ｘ社の企業価値評価は妥当な線ですし、投資回収計画も綺麗に描けています。

Ａさん では何が…。

室長 残念ながらＡさんが作った戦略資料は、適否を判断できないところに問題があるのです。適否を判断するために大切なことは何だと思いますか。

Ａさん 明確な判断基準を持つでは？

室長 もちろん。しかし、それだけでしょうか。

Ａさん そのほかに…。

室長 私は異なる選択肢を見せてもらいたかったのです。Ａさんが考えたプランＸが良い理由はわかりました。戦略資料に判断基準が書いてありましたから。しかし、比較できる戦略オプション（代替案）を見せてもらわなければ、適否を判断できないことは理解できますね。

Ａさん はい。私自身に２つの問題があったということが理解できました。第１に、自分の想いが強すぎてひとつの選択肢しか見えていませんでした。プランＸだけではなく、Ｙ、Ｚと幅広い選択肢を検討すべきでした。第２に、仮に３つのプランがあって、その中のプランＸがお勧めだとしても、相対比較できる異なるプランを室長に見せるべきでした。

室長 そういうことです。では、資料の再提出をお願いしますね。

Ａさん わかりました。

設問

室長が言うように、比較できる戦略オプションがないと適否を判断できないのはなぜでしょうか？

解答例

担当者の視野の広がりや、何を制約条件や前提条件としたのかが見えないからです。これでは意思決定の質を上げることができません。

解説

10-2
幅広い選択肢の検討

> 幅広い選択肢を検討しよう。幅広い選択肢を検討することは可能性の幅を広げることである。そのためには地と図の形成と崩壊を可能にする柔軟な発想が優れたビジネス・リーダーになるために必要である。

● ケース・スタディの振り返り

　相手を説得したり、相手に意思決定を促したりするためには、結論に至る過程で、①どのような選択肢を検討し、②どのような根拠のもとで意思決定したのかを相手に示すべきである。

　たとえば、週末、家族で旅行に行くことを企画しているとする。奥さんは海に行きたいと考えている。一方、子供たちは遊園地に行きたいと考えている。そうした家族の意見を聞くことなく、夫であるあなたが「温泉に行こう」と提案すると、家族は「なぜ？」と聞いてくるだろう。

　この「なぜ？」という問いには2つの意味が含まれている。それはまず「なぜ温泉なのか、その理由を知りたい」ということ、そして「自分たちが考えているアイデアは検討の余地に入っていたのかを知りたい」ということである。このとき、自分たちのアイデアが検討の余地に入っていないことを知るや猛反対となる可能性もある。その結果、負い目から家族の意見で妥協するのか、あるいは気まずい雰囲気になることを覚悟の上で自分の意見を押し通すのかである。どちらにおいても両者が満足できる結果にはほど遠い。

　あらためて、ケース・スタディに戻って考えてみよう。Aさんは自分なりの問題意識から戦略資料を作成している。戦略資料は作成者の想いが重要であり、その想いをプランニングすればよい。しかし、人は想いが強くなればなるほど、多様な見方ができなくなるものである。想いが先行し過ぎ、偏ったアイデアになるようでは戦略資料の妥当性は低下する。室長はこのことを指摘していたのである。

幅広い選択肢の検討

室長は「適否を判断できない」と言っている。それは他の選択肢と比較できないから判断できないと言っているのである。人は比較する対象がなければ、何も判断できないものである。

優れたビジネス・リーダーになるために

幅広い選択肢を検討することは、自社の可能性の幅を広げることである。アレカコレカではなく、良い意味でアレモコレモになることである。

それでは、幅広い選択肢を検討するためには、どのような心構えを持つべきなのだろうか。それをひとつの例から考えてみよう。

皆さんは「少女と老婆」という有名な絵を見たことがあるだろうか。下の絵には少女のうしろ姿に老女の影がひそんでいるといわれるが、よく見るとなるほどと思う。顔だけ見ると少女らしいのだが、少女の首にあたる部分のレースに視線を移すと、レースが口であごが鼻にあたる、すごい面相の老婆の横顔になる。

人は同時に2つを見ることができないために、ひとつの絵の中に異なる2人の女性が同居していることに気づかない。仮に、いま少女が見えているとして、次に老婆を見るためには図となって浮かび上がっている少女を地にすべく、自分の頭の中から消し去らなければならない。逆もしかりである。

ビジネスも同様である。プランXが良いと考え始めると、異なる選択肢が見えなくなる。異なる選択肢を考えて可能性の幅を広げるためには、地と図の形成と崩壊、すなわちプランXを忘れなければならない。こうした柔軟な発想が優れたビジネス・リーダーになるために必要である。

解説

11-1
戦略マトリックス

> 戦略オプションを検討する際、戦略の実現を阻害する要因に目を向けてCSFを押さえよう。それがビジネス案件の成功確率を高めることになる。

● マトリックス法の有用性

　マトリックス法は異なる2軸を使うことでMECE（完全に漏れなく）に現状を分析したり、問題解決の方向を検討したりする際に用いるツールである。代表的なマトリックス法と言えば、BCG-PPM、TOWSマトリックスがある。

　MECEであること、つまり、ヌケモレなく、重複することなく考えられることを洗い出す方法であることから、マトリックス法は強制発想法のひとつと言える。ここで解説する戦略マトリックスは、考え得る戦略オプション（代替案）をすべて洗い出すために用いるツールである。

● 戦略マトリックスのロジック

　はじめに、戦略マトリックスが前提にしている2つの戦略論を明らかにしておこう。第1の戦略論は競争戦略論である。よって、戦略マトリックスでは他社と差別化することを重んじている。第2の戦略論はチェスブロウ博士が論じたオープン・イノベーションである。外部のリソースと接点を持ち、戦略的提携や経営統合など幅広い選択肢を視野に入れて検討したらよい。

　さて、戦略マトリックスの縦軸は競争優位性を表す軸であり、上のセルが「優位性の確立」、下のセルが「劣位の回避」である。劣位の回避とは、他社と相対的に比較して弱みになっているところの補完を意味する。

　一方の横軸は、右の図ではバリュー・チェーンのフレーム・ワークを用いている。横軸は用途によって使い分ければよく、決まったフレーム・ワークがあるわけではない。

幅広い選択肢の検討

　下の図では異なる2軸を用いることでセルは12個ある。ここで左から右に向かってひとつの組み合わせを考えてみる。それができたら、2本目、3本目と更に多くの組み合わせを考える。結果として、埋まっていない"?"のセルが数多く埋まるように努力する。"?"のセルを埋めるためには知見が必要である。よって、各分野における知見者の協力を得ながらセルを埋めたらよい。さて、何本の組み合わせができるだろうか。最終的には、組み合わせた数だけ戦略オプションができることになる。

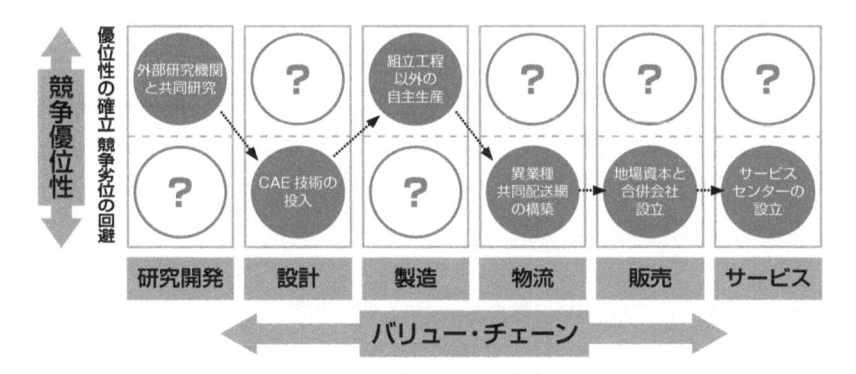

競争優位性	優位性の確立／競争劣位の回避	外部研究機関と共同研究	?	組立工程以外の自主生産	?	?	?
		?	CAE技術の投入	?	異業種共同配送網の構築	地場資本と合併会社設立	サービスセンターの設立
		研究開発	設計	製造	物流	販売	サービス

←―――― バリュー・チェーン ――――→

●優れたビジネス・リーダーになるために

　戦略マトリックスを作る際には2つのポイントがある。第1のポイントは横軸の決め方である。テーマに合ったMECEなフレーム・ワークを見つけなければならない。第2のポイントは各セルを埋める際、CSF（Critical Success Factor）を押さえることである。

　CSFとは重要な成功要因のことである。戦略の実現を阻害する要因に対する打ち手と言えばわかりやすいだろうか。たとえば、ある新興国市場への参入にあたり、現地の商慣習がわからないことが阻害要因だとすれば、容易に浮かぶCSFは地場資本の販売会社と合弁会社を設立することでルートを確保することである。

　戦略オプションを検討する際、戦略の実現を阻害する要因に目を向けてCSFを押さえよう。成功確率を高めることがビジネスリーダーの使命だからである。それが優れたビジネス・リーダーになるためである。

CASE STUDY

11-2 ── 戦略マトリックスの具体例

> アパレル・メーカーの経営企画室の担当者であるAさん。各部門の担当者の協力を得て戦略マトリックスを作成した。

▍ケース・スタディ

　アパレル・メーカーの経営企画室の担当者であるAさん。異なる選択肢を見せるように上司である室長に言われて、さっそく戦略マトリックスを作ることにした。しかし、選択肢を複数つくるとなると知見が必要になり、各部門の担当者に協力を願うことにした。

Aさん　今日はお忙しい中、ありがとうございます。さっそくですが、皆さんにご協力いただいて、より良い戦略マトリックスを作りたいと思います。
Aさん　テーマはアジア市場における当社の成長戦略の策定です。
販売　横軸はどんなフレーム・ワークを使うつもりだい？
Aさん　はい。国、地域、対象顧客の3つの観点から考えはじめ、次に現地における展開方法を検討するためにマーケティング・ミックス（4P）を使おうと思っています。
物流　なるほど、それでは対象国は？
Aさん　はい。GDPと人口主要推計の結果からアジアX国とY国を想定しています。X国であれば、北部と南部の湾岸地域の両方、Y国であれば南部の湾岸地域といった戦略オプションが考えられます。
物流　なるほど。内陸部は物流網の整備が追いつかないからね。人口が集中し、製品を供給しやすい湾岸部を主たる商圏と考えたわけだね。
Aさん　はい、そのとおりです。
販売　それで、生産はどうするの？
製造　機能性素材のインナーウェアについてはブランドを維持するために、日本国内で生産し、最終製品として輸出するほうが良いですね。

幅広い選択肢の検討

販売 普及品のインナーウェアは？

製造 繊維原料か生地にして輸出して、縫製を現地で行なうというのはいかがですか？

販売 国内工場の製造原価を考えると対象顧客は中流層以上になるかな。

Aさん それでよいかと思います。ただし、当社は生産技術がコアコンピタンスですから、現地の協力工場を見つけて縫製するにしても、品質を維持するために、国内から人を派遣して技術指導しなければなりませんね。

製造 そこはなんとかしましょう。

Aさん あとは、価格、流通、プロモーションについて考えてみたいと思います。それでは今度は…。

Aさんはこうして各部門の担当者の知見をもとに、大きく分ければ2つの戦略オプションをつくることができた。

プランA：アジアX国の富裕層を対象にした機能性素材のインナーウェア販売。

プランB：アジアY国の富裕層を対象にした機能性素材のインナーウェア製造と販売あるいは中流層を対象にした中間価格帯のインナーウェアの委託生産と販売。

ここまでできれば、それぞれ収益シミュレーションをおこなって上司に再提出するだけだ。Aさんは先が見えてきたことに安堵した。

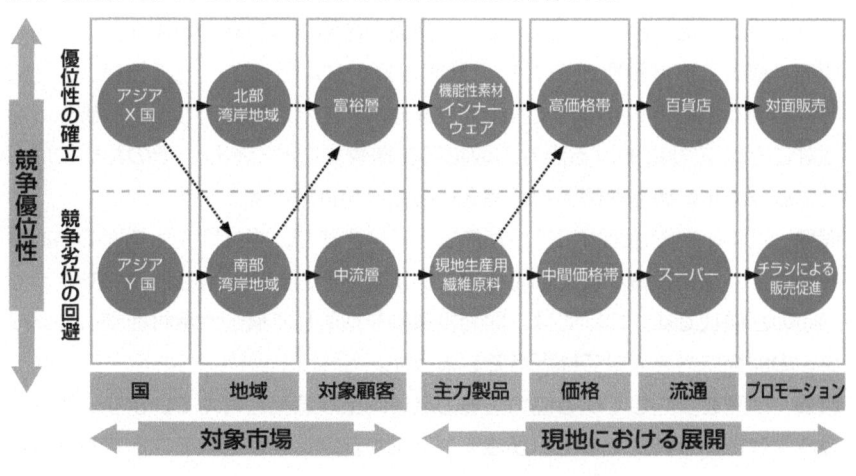

CASE STUDY

12-1 ── こんなときどうする?

> アパレル・メーカーの経営企画室の担当者であるＡさん。国内アパレル事業の業績不振を打開すべく開催された緊急対策会議に室長とともに出席した。

▌ ケース・スタディ

　Ａさんが海外事業の戦略オプションを検討している間、国内アパレル事業の決算数字が次第に見え始めていた。売上、利益ともに中期経営計画とかい離し、途中、マイナスの修正目標額を発表したものの、このままでは更に割り込む公算が大きい。証券アナリストの評価は厳しく、このままでは株価の低下は否めない。

　そこで、経営企画室長を中心に国内アパレル事業の各部長クラスが集まり、緊急対策会議を行なうことになった。会議にはＡさんも同席している。

室長　自社製品の売れ行きが芳しくないことは皆さんもご存じのとおりです。については、今後の対策について検討したいと思います。今日はフリーにディスカッションしたいので、どなたでもご意見のある方はお願いします。

販売　最近、広域量販店のＸ社の販売が好調なようです。ところが、Ｘ社における当社の取扱高は小さく、販売量を伸ばすことができません。つまり、必要なことはＸ社における当社の取扱高を増やすことであり、そのためにはＸ社オリジナルの商品を開発して抱き込むことが得策と考えます。

開発　近年、機能性素材に注目が集まっていますが、当社は売上低迷のあおりを受けて、開発投資が低く抑えられています。そのため、他社に後れをとっているのが現状です。については、開発投資額を増やして機能性素材を使ったアウターの開発に力を入れてはどうでしょうか。

製造　生産を委託している協力工場の品質向上が急務と考えています。当社は委託生産に切り替えてまだ日が浅く、品質が安定しない現状です。これをなん

幅広い選択肢の検討

とかしなければなりません。

　このようにアイデアは出るものの、抜本的な解決に結びつく策が出ることはなく、会議は時間切れになってしまった。会議室から出た室長はAさんに向かってポツリとつぶやいた。

室長　どれもこれも抜本的な解決策とは言えないものばかりだったなぁ。
Aさん　そうでしょうか。みんな的を射た解決策に見えましたが。
室長　表層的すぎるんだよ。もっと、問題の本質を見抜いて対策を講じないとね。
Aさん　はぁ。そんなものでしょうか。

設問

　室長は各部門の部長クラスの意見を表層的すぎると言っています。問題の本質を見抜かず、表層的な問題に手を打つことの弊害は何でしょうか。幅広く検討してください。

解答例

　一向に問題が解決しない、同じような問題が毎度発生する、同じような問題解決にエネルギーが注がれて組織が疲弊する、などが挙げられます。

ケース・スタディ編

解説

12-2
問題の本質

> 幅広い選択肢を検討する前に、問題の本質を見極めよう。それが優れた
> ビジネス・リーダーになるために必要なことである。

ケース・スタディの振り返り

　新入社員時代を思い出してほしい。問題とは「あるべき姿と現状のギャップである」と習ったことだろう。たとえば、今期1億の販売目標に対して、実績が8,000万だったとする。この場合、2,000万が埋まらないのが問題である。

　ちなみに、問題が困っている状況であるのに対して、課題は打ち手のことである。よって、問題と課題は異なることをあらためて押さえておこう。企業のホームページにアップされている中期経営計画をみると、当社の経営課題と称して問題を羅列し、いっこうに打ち手が書かれていないことがある。これでは意味をなさない。

　あらためてケースについて考えてみよう。今後の対策を検討する会議であるから、各担当が対策を話していること自体に問題はない。しかし、それらが表層的な問題に対する対策に陥っているところに問題がある。

　販売の部長は、X社における取扱高が小さいことを問題と捉え、よって取扱高を増やすことが課題となり、取扱高を増やすためにオリジナル商品を開発することを施策としている。開発の部長は開発投資を抑えていることが問題であり、よって投資金額を増やすことが課題となり、得たキャッシュを使って機能性素材の製品を開発することを施策としている。製造も似たようなものである。

　つまり、表層的な問題から課題を抽出し、課題を達成するための施策レベルの議論に関心が向いてしまっている。施策レベルの議論は具体的であるため、議論しやすいが、施策そのものの根拠が表層的であるために、施策そのものの妥当性が低いことは否めない。経営企画室の室長はこのことを問題視していた

幅広い選択肢の検討

のである。

問題の本質

自社における（経営）課題を確認してほしい。もし、「既存市場の死守」「新規市場の積極的な開拓」「更なるコスト削減」「付加価値の向上」など、曖昧な言葉ばかりが資料の中で使われている場合は要注意である。問題の本質を見極めずに、表層的な問題ばかりに関心が向いている可能性がある。これでは企業の前進成長はおぼつかない。

優れたビジネス・リーダーになるために

解決策の検討会議と称して何時間も議論している場面をみることがあるが、本来、解決策の検討に時間はかからない。問題の本質が見えていれば解決策は簡単なのである。つまり、議論に多くの時間を要しているとすれば、見えていないのは解決策ではなく、問題の本質である。問題の本質が見えていないままに表層的で曖昧な解決策を課題として設定し、実行に移しても成功の確率は極めて低くなる。結果として、また、来年には同じ問題に直面することになる。

たとえば、山登りの話を思い出してほしい。道が土砂に埋もれていることが問題として、土砂を取り除くことを課題にして実行に移しても、明日、また、道は土砂で埋もれることだろう。なぜならば、問題の本質は土砂に埋もれていることではなく、道の両側の崖の角度がきつ過ぎることにあるからだ。よって、抜本的な解決とは、崖の角度を緩やかにすることである。

幅広い選択肢を検討する前に、問題の本質を見極めよう。それが優れたビジネス・リーダーになるために必要なことである。

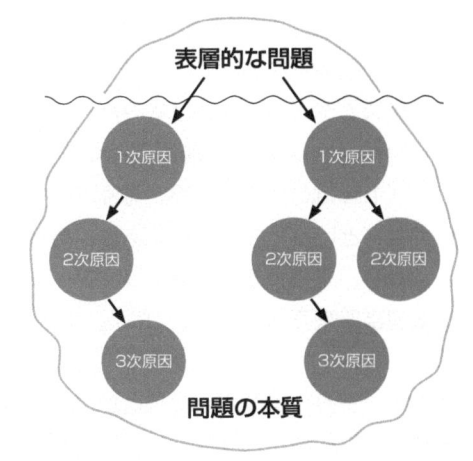

CASE STUDY

13-1 ──────── こんなときどうする？

> アパレル・メーカーの経営企画室の担当者であるAさん。業績不振の問題の本質を特定するためにロジック・ツリーを作り始めたが、フレーム・ワークが見つからずに挫折してしまった。

ケース・スタディ

　Aさんは室長の指示を受けて、国内アパレル事業における問題の本質を整理することにした。過去において、社外のセミナーでロジック・ツリーを勉強していたAさんは、これを使って「なぜ」「なぜ」を繰り返し、問題の本質（根本原因）を特定すればよいだろうと考えた。

　ところが、いざ取り組もうとしても先に進まない。なぜならば、業績が上がらない問題の本質を特定するフレーム・ワークが見つからないからである。セミナーではMECEに問題の本質を特定するためには、フレーム・ワークが必要だと習った。そのフレーム・ワークが分からなければ、先に進むことができない。

　そこで、今度は、会議室に付箋と模造紙を持ちこみ、ひとりブレイン・ストーミングをはじめた。時間はかかったが考えられる原因は30枚ほどになった。

　次に、模造紙を広げて、カード・コーディング（親和図法）で似た意見の付箋を集めてタイトルをつけてみた。これもセミナーでよく習う手法である。ロジック・ツリーを習う以前は、よくこのやり方で原因究明していたものである。

　タイトルは、市場、競合、取引先といった外部環境、それに、開発、製造、販売などといった内部環境であり、あわせて8つのタイトルがついた。

　しかし、ここでまた作業がストップしてしまった。困ったAさんは室長に会議室まで来てもらって今の状況を話した。

Aさん　室長。実は困ったことがありまして…。
室長　なにかな。

幅広い選択肢の検討

Aさん はい。最初はロジック・ツリーを作って問題の本質を特定しようと思ったのですが、フレーム・ワークが見当たらなくて挫折しました。

室長 それで？

Aさん それで、今度は昔よくやったブレイン・ストーミングとカード・コーディングに切り替えてみたのです。そうしたら、原因はたくさん出てきたのですが、どれが問題の本質なのかを特定できなくて困っているのです。たぶん、付箋の枚数が多いタイトルが問題の本質だと思うのですが。

室長 そうだとすると、問題の本質は何かな。

Aさん はい、付箋の枚数が多かったのは開発です。ですから問題の本質は開発体制かと…。

室長 それは大きな間違いだね。だいたい、問題の本質は一言で語られるようなものではないよ。ブレイン・ストーミングの段階で付箋の数は30枚だったのだね。だとすれば、問題の本質はそれ以上の数だよ。

Aさん えっ！

設問

Aさんはロジック・ツリーを作ろうとしたものの、フレーム・ワークが見つからずに困っています。それでは、どうすればフレーム・ワークは見つかるのでしょうか。

解答例

多くの場合、フレームワークは自分で作ることになります。世の中であらかじめわかっているフレームワークはそれほど多くはないからです。実務としては、カードコーディングで分類してできたタイトルがフレームワークになります。これをもとにロジックツリーに展開すれば良いわけです。

解説

13-2
ロジック・ツリーとフレーム・ワーク

> ロジック・ツリーは、扱う問題の原因を究明するフレーム・ワークを知っている時に MECE になるのであり、知らない時は最初から MECE なロジック・ツリーをつくることはできない。

● ケース・スタディの振り返り

　セミナーでは、ブレイン・ストーミングやカード・コーディング（親和図法）を使って問題解決の議論をしたことがあると思う。しかし、カード・コーディングで問題を解決するのは無理である。カード・コーディングは問題解決技法として紹介されることが多いが、その実は個々人の認識を共有する技法である。つまり、誰がどのような認識をしているのか、どのような認識が多いのかを明らかにすることに目的があり、解決策を導き出すものではない。更には、問題の本質を見極めることもできない。ケースに出ていたように、開発に関わる問題が多いからといって開発体制が問題の本質とは言えないのである。むしろ、開発に関わる問題が見えやすいことを意味する。問題の本質は、見えやすいところにあるものではなく、見えにくいところにあるものである。

● ロジック・ツリーとフレーム・ワーク

　問題の本質を探究するツールと言えば、ロジック・ツリーがもっとも有名である。ロジック・ツリーは、同じく問題の本質を見極める連関図に比べて使いやすく、一般的である。
　ロジック・ツリーを学んだことのある人であれば、ロジック・ツリーの本質は幅広く深く原因を究明することにあると理解しているはずだ。幅広く原因を究明する際、MECE（Mutually Exclusive and Collectively Exhaustive）が基本であり、そのためにはフレーム・ワークを用いると良いと学んだことだ

幅広い選択肢の検討

ろう。SWOT、3C、マッキンゼーの 7S などのフレーム・ワークである。

しかし、世の中に存在するフレーム・ワークはそんなに多いものではない。たとえば、職場のコミュニケーションが悪い原因を究明するフレーム・ワークは何か。あるいは、何度も同じ間違いをする部下の原因を究明するフレーム・ワークは何か。優れたコンサルタントでもこればかりは分からない。よって、フレーム・ワークは自分で作るものである。

そこで役立つのがカード・コーディングである。ブレイン・ストーミングを通じて想定できる原因を幅広く洗い出し、次にカード・コーディングで分類する。分類してつけたタイトルがフレーム・ワークとなる。

ケースで考えてみよう。外部環境では市場、競合、取引先、内部環境では開発、製造、販売など、全部で 8 つのタイトルがついたと A さんは言っている。この 8 つがフレーム・ワークになる。ただし、これで MECE かはわからない。カード・コーディングの時には思いつかなかったフレームがまだあるかもしれない。そこで、この 8 つ以外に新たなフレームはないのか、あらためてブレイン・ストーミングを行ない、必要に応じて追加すれば MECE になる。

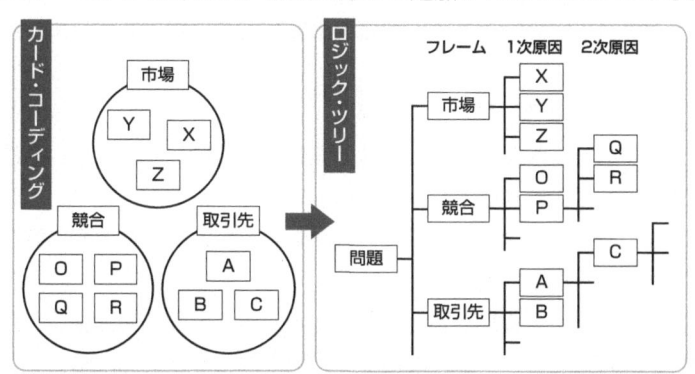

優れたビジネス・リーダーになるために

ロジック・ツリーは、扱う問題の原因を究明するフレーム・ワークを知っている時に MECE になるのであり、知らない時は最初から MECE なロジック・ツリーをつくることはできない。よってこれに先んじてフレームを作ることからはじめたら良い。

CASE STUDY

14-1 ──────── こんなときどうする？

> アパレル・メーカーの経営企画室の担当者であるAさん。ロジック・ツリーを作って緊急対策会議に臨んだものの、その内容が原因で会議は紛糾してしまった。

■ ケース・スタディ

　Aさんは上司である室長の指導を受けながらロジック・ツリーをつくることができた。そこで、あらためて緊急対策会議で各部門の部長クラスと意見を交換することにした。

販売　ロジック・ツリーをみると、販売サイドから市場のニーズが開発にフィードバックされていないところに問題の本質があると書いてありますが、これは本当ですか。
Aさん　私はそのように見ていますが。
販売　そうかなぁ。販売実績会議には開発担当も出席しているし、そこで市場のニーズは伝えていますけどね。
開発　いやいや、それは製品の品質情報が主であり、新たな開発に結びつく市場ニーズは聞いたことがありませんね。
製造　ちょっと待ってください。品質情報といっても製造ではなく、設計品質の問題だと理解していますが、製造上の問題ではありませんよね。
販売　設計と製造をわけて考えることはできないでしょう。それに、先日の会議では、生産委託している協力工場の品質問題は製造サイドも認めていたじゃないですか。

　Aさんは、自分が作ったロジック・ツリーがこれほどまでに波紋を広げるとは思わなかった。会議はこんな調子で、疑問と責任のなすり合いになってしまった。単なる足の引っ張り合いであり、生産的な会議とは言えない状態で空中

幅広い選択肢の検討

分解してしまった。

設問

　Aさんは自分がつくったロジック・ツリーを緊急対策会議に持ち込みましたが、周囲はその内容に疑問を呈しています。それはなぜでしょうか。また、互いに責任をなすり合っているのはなぜでしょうか。2つの点について幅広く考えてみてください。

　この設問に対する解答は次ページのケーススタディの振り返りを参照にして下さい。

解説

14-2
推論と事実の違い

> 虫の目のように、原因の1つひとつを複眼でよく見て、鳥の目のように、全体を見渡して手を打つ。しかし、それが世の中の変化にあったものにするためには魚の目は必要となる。

● ケース・スタディの振り返り

　各部門の部長クラスが疑問を呈し、責任をなすり合うのはなぜか。問題は2つある。第1に、ロジック・ツリーで取り上げた原因は、多くの場合、推論であって事実とは限らないからである。第2に、自己正当化の罠に陥っている可能性がある。ここではまず第1の問題について取り上げ、第2の問題については次項で取り上げる。

● 推論と事実の違い

　ロジック・ツリーは、表層的な問題から深層にある問題の本質に至るまで整理するメソッドである。ロジック、すなわち論理とは因果関係が整っているさまのことであり、本来ならば事実をもって論証しなければならない。

　しかし、現実はどうだろうか。通常、私たちが認識できるのは表層的な問題であり、深層に至るほど、確実性は薄れていく。自分の過去の経験に照らして、「きっとこういうことがあったのだろう」と推論するのが精一杯である。つまり、事実ではなく推論にとどまることが多い。よって、推論で議論しても論点がかみ合わず、疑問を呈する人が多くなるのは当然である。

　また、推論できない事実があることも知っておいたほうが良いだろう。いわゆる「想定外」のことである。たとえば、2009年の新型インフルエンザの流行およびこれに起因して発生した風評被害などの社会問題を誰が予測できただろうか。2008年のリーマン・ショックに端を発する金融崩壊を誰が予想

幅広い選択肢の検討

できただろうか。世の中の出来事は静的ではなく、動的なものであることから想定外のことが起きる。事実は論理を跳躍するものである。この想定外の出来事は想定できないためにロジック・ツリーの中から抜け落ちることがある。

```
フレーム   1次原因  2次原因  3次原因
         ┌─ X
    市場 ─┼─ Y
         └─ Z
                        ┌─ Q ─┬─ □
         ┌─ O          │     ├─ □
    競合 ─┤             │     └─ □     これらに手を打つことが上位にあるQやPの問題解決につながるのかを検証する。
問題 ─┤    └─ P ─┬─ R
                 ├─ Q
                 └─ R
         ┌─ A
    取引先┤
         └─ B
```

優れたビジネス・リーダーになるために

ロジック・ツリーを使って問題の本質を特定し、事実をもって論証すること、これを先んじて行なうべきである。ここまでできれば、後は解決策の検討に入ることができる。ここで更に気をつけるべき心構えが視点大局である。なぜならば、ロジック・ツリーは全体（問題）から部分（原因）に視点を移し、問題の本質を深く探るため、時に局所ばかりに目が向き、視点大局、すなわち、そもそも何を問題と捉え、原因究明していたのかを見失うことがあるからだ。

虫の目、鳥の目、魚の目とはよく言ったものである。虫の目のように、原因の一つひとつを複眼でよく見て、鳥の目のように全体を見渡して手を打つ。しかし、それが世の中の変化にあったものにするためには魚の目が必要となる。

解説

14-3
自己正当化の罠

> 顧客の声に耳を傾けよう。時に理性ではなく、感情に訴えることで自己正当化の罠に陥ることを防ごう。

ケース・スタディの振り返り

　人はときに自ら取り組んでいることを正当化しようとする。その一方で、他者が取り組んでいることには批判的になることがある。こうした認識の歪みのことを自己正当化の罠と言う。

　ケースに登場したアパレル・メーカーの緊急対策会議では、責任をなすり合い、単なる足の引っ張り合いになっていた。自己正当化の罠の典型である。責任をなすりつける対象は他の部門にとどまらない。このほかにも、協力会社、会社の体制、市場環境、顧客に至るまで、自分たちの手の届かないところに責任をなすりつけることもある。

問題の本質は何か

自己正当化の罠に陥る背景には、次の3つの問題の本質が考えられる。

①自尊心の存在

　人は誰も自分を否定されたくないものである。自己の尊厳を守るためには、誰かをスケープゴート（身代わり）にしなければ収まりがつかない。そこで、他の部門が悪いことにする。市場が冷え込んでいることを原因にする。

②確証バイアスの存在

　詳細は次項で解説するが、自己を正当化するために、自分にとって都合のよい情報を入手し、都合の悪いことに目を向けなくなる。これが確証バイアスである。一方、自部門に問題がないとすれば、他の部門に問題があるのだろうと考え始め、これに符合する情報ばかりを入手しはじめる。

幅広い選択肢の検討

③コスト便益の不釣り合いに起因する問題

　自部門に問題があるとわかっていても、その解決にかかるエネルギーの大きさに対して便益が小さいとする。すると、問題があると思っていても、あえて目をつむろうとする。

優れたビジネス・リーダーになるために

　自己正当化の罠に陥らないためには、「権威に対する服従」で解説したように第三者による公正な評価を依頼することである。特に、顧客の声を聞くのが一番の薬になる。

　名著「企業変革ノート」（日経BP社）を記したジョン・コッターは、その著の中で企業の変革を妨げる社内の行動様式が4つあると指摘している。
　①根拠のないプライドや傲慢さからくる現状満足
　②恐れやパニックによる硬直、保身、逃避
　③怒りによる反発、テコでも動かぬという態度
　④極度に悲観的になり、つねに腰が引けている状態

　こうした問題に対して、ジョン・コッターは理性に訴えるよりも感情に訴えることが得策だとして、顧客の怒れる声をフィードバックして危機感を醸成することを勧めている。

　顧客の声に耳を傾けよう。時に理性ではなく、感情に訴えることで自己正当化の罠に陥ることを防ごう。

理性 → 自己正当化の罠 ← 感情

CASE STUDY

15-1 ─────────── こんなときどうする?

> アパレル・メーカーの経営企画室の担当者であるAさん。自分が確証バイアスに陥っていることに気づかず、戦略資料を策定してしまった。2年後の結果は惨憺たるものであった。

ケース・スタディ

　久しぶりに海外事業を構想する仕事に戻ることができたAさんは、新たな悩みを抱えている。社長から海外売上成長率50%を中期目標にするように言われたからだ。どんなに収益シミュレーションを繰り返してもそんなパーセンテージは出てこない。困ったAさんは、もう一度、リサーチ会社のレポートに目を通した。

　アジアX国の人口政策、関連商品市場の構造、競合企業の流通構造、消費者アンケートに至るまで、情報を洗い直してみると、日本製の製品に対するイメージは総じてポジティブであるものの、1%の保守的な富裕層よりも20%のアッパーミドル層のほうが対象顧客として優れていることがわかってきた。更に、情報検索してみると、Aさんの仮説を裏づける情報が次々と見つかり、数字を積み上げてみると3年間で50%アップは決して無理な数字ではないように思えてきた。

　あまりに綺麗な絵を描けそうだったため、Aさんは次第に熱くなり、それを横で見ていた社長と室長のほうが引き気味にアドバイスするほどであった。

（この日から2年後）

　会社はAさんが描いた成長シナリオどおりにアジアX国に販売拠点を設けて高級路線のアパレル事業を展開した。しかし、2年後の結果は惨憺たるものであり、3年間で50%の売上成長率どころか、20%を確保するのが精一杯な状況である。Aさんは四半期ごとに海外事業部から説明を求められる毎日で

幅広い選択肢の検討

あり、気持ちは落ち込むばかりであった。

設問

当初、Aさん自身、50％アップの計画は無理だと思っていました。それが調査資料を見直しているうちに、次第に確証バイアスに陥ったと考えることができます。人はなぜ確証バイアスに陥るのでしょうか。考えられる原因を挙げてください。

解答例

思い入れが強いほど視野が狭くなり、自分の考えを裏づける情報ばかりを収集しはじめるのだろうと考えることができます。

解説

15-2
確証バイアス

> 仮説を持ち、事実をもって検証し、それをあえて反証してみること。そのために悪魔の弁護人を立ててみると良い。

ケース・スタディの振り返り

　人はなんらかの先入観を持ちやすいものである。たとえば、先に紹介した少女と老婆の絵が良い例である。最初に少女が見えると、少女の顔の髪、鼻、まつ毛といったパーツが強調され、老婆の顔がなおさらに見えなくなっていく。その結果、他の人から老婆が見えると言われても、まったく何のことを言っているのかがわからなくなる。

　確証バイアスとは、自分の先入観に合う情報ばかりを入手し、その先入観を強化する傾向のことを言う。世間では、ときに冤罪事件が報じられることがあるが、こうした冤罪事件においても捜査する側や報道、さらにはニュースを見ている私たちも確証バイアスに陥っているのではないだろうか。

　あらためてケースについて考えてみよう。当初、Aさん自身、50％アップの計画は無理だと思っていた。それが調査資料を見直しているうちに、50％アップを可能にするポジティブな情報を見つけてしまった。そのため、逆のネガティブな情報にフタをしてしまったのではないだろうか。

問題の本質

　ビジネス案件の妥当性を判断する分析において必要なことは検証であり、立証ではない。立証しようとするからバイアスが入り込むのであり、バイアスによって立証した事業が成功するはずがない。もし、成功するとすれば、それは偶然の産物に過ぎない。

　そもそも人はなぜ確証バイアスに陥るのだろうか。確証バイアスは非合理的

幅広い選択肢の検討

な解釈に原因があることから、合理的になれない理由を考えてみよう。たとえば、新規事業に思い入れを持っている者が企画したらどうなるだろうか。思い入れが強いほど、確証バイアスに陥ることは容易に想像できる。

事業の撤退時はどうだろうか。同事業における成功体験を積んだ人ほど確証バイアスに陥り、事業の成長性を過信し、延命を考えるはずだ。想いの強さは時に人を確証バイアスに落とし込むものである。

優れたビジネス・リーダーになるために

確証バイアスを防ぐ方法は反証である。仮説を持ち、事実をもって検証し、それをあえて反証してみることである。反証は、事実、情報、データをもって反証することもあれば、誰かに反証してもらうこともある。その意味においては「悪魔の弁護人」が有名である。

悪魔の弁護人とは、キリスト教会における史実に基づく考え方のようだが、ビジネスにおける悪魔の弁護人とは、ある意見に対して、努めて反論してみることである。そのためには誰かが悪魔の弁護人にならなければならない。つまり、反論は役割演技である。もし、この反論に対抗できなければ、そのビジネス案件はたいした内容ではなかったということになる。反論に対抗できれば、それは真に良いビジネス案件ということになる。皆さんの会社の会議では、問題があるとわかっていても意見を言わないといった風潮はないだろうか。そんな時には悪魔の弁護人を立てることが有効である。

次に、抜本的ではないが、確証バイアスを防ぐ歯止め策として有効なのがイグジット・ルール（撤退基準）の設定である。事業が赤字に転落した場合、どの時点で撤退するのかをあらかじめ決めておくことである。トレードの世界では当たり前のイグジット・ルールだが、一般のビジネスの世界では曖昧なことが多い。結果として、事業撤退の機を逃し、大きな損害を被ることになる。

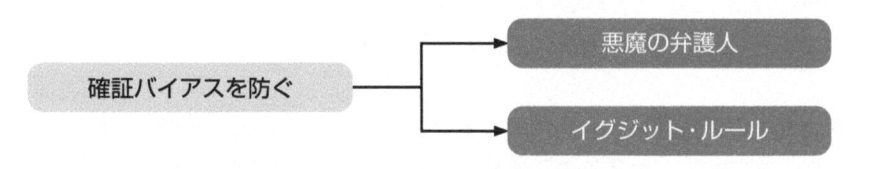

```
確証バイアスを防ぐ ─┬─→ 悪魔の弁護人
                    └─→ イグジット・ルール
```

解説編

CASE STUDY

16-1 ──────────── こんなときどうする？

> アパレル・メーカーの経営企画室の担当者であるＡさん。２年前の失敗を乗り越えて成長し、今では３人の部下を持つようになった。彼らを指導する一環でレポートの作成を指示したが、出てきた内容は…。

ケース・スタディ

　２年前の失敗を乗り越えて成長したＡさん。今ではＡさんの下に３人の部下がいる。３人は若く、この３人を立派なストラテジストにするためにＡさん自身が指導に当たっている。

　ある時、Ａさんは彼ら３人に「今後、私たちはどのような世界規模の課題に直面するだろうか。ついてはレポートにまとめてほしい」と伝えた。どうにでも解釈できるおおざっぱなテーマである。２週間後に出てきたレポートを見てＡさんは驚いた。３人とも同じようなことを書いているからである。一人は「世界の人口が爆発的に増え、食料問題が今後ますます進展すると思います」と書き、もう一人は「特に、Ｚ国における水問題は深刻さを増すと考えられます」と書き、最後の一人は「ついてはＺ国における水ビジネスが注目されるでしょう」と締めくくっている。

　世界規模の問題というと、環境破壊や食料問題、そしてビジネスの中心となるマーケットはアジアと誰もが同じことを言いたがる。差異をもって競争相手に打ち勝つことが戦略策定の基本なのに、これでは他社と同じことをするだけである。そもそも、環境問題に対する対応は世界規模の主要な課題であることは間違いないが、それがすべてでもない。断片を切って取り上げて、「これが主要な課題です」と示しても人を納得させることはできない。そこで、Ａさんは３人を会議室に呼んで次のように伝えた。

Ａさん　君たちは環境分析に際して、２つの大きな間違いを犯している。第１に、誰でもアクセスできる情報をもとに考えては駄目だ。第２に、情報を

3章 幅広い選択肢の検討

普通に読み込んだら駄目だ。この2つの過ちを犯すから、みんなが想定できる範囲の結論しか持ってこれなくなる。
部下 それではどうしろと。
Aさん 環境分析で重要なことは、他社が見落とすような情報を見つけることだ。そして、他社には真似できない読み込み方をすることだ。それも素早く。競争優位の確立とは、こうしたところからはじまるのだ。

　3人の若手社員は頷きながらAさんの話を聞いていた。

設問
　3人の若手社員は、どうして誰でもアクセスできるような情報をもとに考えてしまったのでしょうか。

解答例
　時間的制約や脳のキャパシティに起因して処理できる情報量には限りがあるため、ヒューリスティックを用いたと考えることができます。次ページでは、この点について詳述します。

解説

16-2
代表性ヒューリスティック

> あるひとつの結論は、その他おおくの結論の中のひとつであってすべてではないことを理解すべきである。

ケース・スタディの振り返り

　ヒューリスティックとは心理的経験則という意味であり、いつも使っている思考パターンで情報を処理しようとすることである。人は複雑な情報処理を必要とする時、それを簡便にするためにヒューリスティックを用いる。

　たとえば、海外の生産拠点X国で製品の不良率がなかなか減らないとする。すると、その国の国民性を問題視し、同国で生産すること自体を無理と考え始める。一方、過去に日本と親交が深かったY国は今も親日派と考え、生産拠点に最適と考え始める。このように、限られた断片的な情報をもとに全体を判断してしまう傾向のことを代表性ヒューリスティックという。

　ケースについて考えてみよう。3人の部下は地球規模の問題と聞いて、すぐに環境問題を思い浮かべ、定番の水資源に関する問題をクローズアップさせた。世間では、こうした問題が連日のように報道され、テレビを見ている人達の目に残像としてインプリンティングされている。そのため、異なる発想ができなくなっていると考えることができる。

　競争環境におけるビジネスの基本は、他社よりもコストを下げて価格で競争優位に立つのか、あるいは差異によって競争をかわすのかのどちらかである。前者は潤沢な資金がなければ泥沼化することは目に見えている。一方、後者は差異が模倣困難なものであれば、競争優位に立てる。ところが、ビジネス案件を構想する担当者が代表性ヒューリスティックに陥っていたらどうなるだろうか。結果はこのケースに登場した若手社員と同じく、差異ではなく同質化に向かう。

幅広い選択肢の検討

問題の本質

限られた断片的な情報をもとに全体を判断してしまう問題の本質は、人が処理できる情報量の限界にある。それは時間的制約に起因する場合もあれば、脳のキャパシティに起因する場合もある。たとえば、3桁の数字を憶えることは簡単だが、10桁の電話番号を憶えるのが難しい。それは、10桁の数字が人の認知限界を超えているからである。よって、この2つの限界を克服できなければ、代表性ヒューリスティックを抜本的に解決することは難しい。

優れたビジネス・リーダーになるために

たとえば、「風が吹けば桶屋がもうかる」の話を思い出してみよう。「風が吹くと埃が舞う」という。しかし、結論は本当にそれだけだろうか。実際には埃が舞うこともあれば、舞わないこともあるはずである。仮に、埃が舞う確率が60%だとすれば、残り40%は異なる可能性を含んでいることを示している。また、「埃が舞うと目を患う」というが、これも同様に、目を患うこともあれば、患わないこともある。このように考えていくと、下の図に示すように最終的に桶屋が儲かる確率はわずか1%にも満たないはずであり、異なる結論のほうが圧倒的に多いことがわかる。

あるひとつの結論は、その他多くの結論の中のひとつであって、それがすべてではないことを私たちは、理解すべきである。

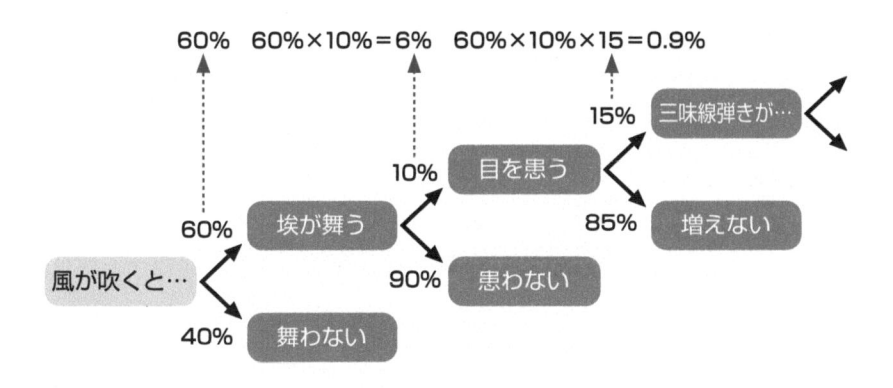

60%　60%×10%＝6%　60%×10%×15＝0.9%

風が吹くと…
- 60% → 埃が舞う
  - 10% → 目を患う
    - 15% → 三味線弾きが…
    - 85% → 増えない
  - 90% → 患わない
- 40% → 舞わない

解説編

4

影響の連鎖の探求

CASE STUDY

17-1 ──────────── こんなときどうする？

> ラーメン屋を経営しているAさん。落ち込む経営を打開するアイデアを友人からもらうが…。

ケース・スタディ編

▌ケース・スタディ

　ラーメン屋を経営しているAさん。一時はラーメン・ブームに乗り、支店を構えるほどだったが、今では本店のみで細々と経営している。月によっては赤字に転落するほどだが、これといって打開策は見当たらない。
　そんなAさんのもとにコンサルタントをしている友人が心配して集まってきた。彼らは困っているAさんに次々と具体的なアドバイスをした。

Xさん　店舗のデザインを変えて顧客が入りやすい雰囲気をつくったらどうか。
Yさん　営業時間を延ばして深夜帰りの顧客を取り込んだら？
Zさん　商品数を絞り込んで作業効率を上げたほうが良いね。
Xさん　看板となるメニューがないと…。
Yさん　こだわりの素材を使って客単価を上げたらどうか。

　友人のアイデアはどれもありがたく、メモをとるのが精一杯のAさん。それにしても、なぜ、彼らは次々とアイデアを出せるのだろうか。疑問に思ったAさんは友人に聞いてみた。

Aさん　みんなありがとう。でも、どうして、そんなに次々とアイデアが出てくるんだい。
Xさん　Aさん、逆に君に聞いてみたいよ。Aさんは業績に影響を与える要因を考えたことがないのか。要因が分かれば、アイデアはいくらでも出てくるはずだけどね。

影響の連鎖の探求

Aさん　業績に影響を与える要因って、製造原価、客単価、来客数といった要因のこと？
Xさん　そういうこと。ちょっとトイレに行ってくるから、その間に業績に影響を与える要因を洗い出してご覧よ。
Aさん　わかった。ゆっくりね。

設問

　はじめに、ラーメン屋のAさんになったつもりで業績に影響を与える要因を分解して洗い出してみてください。次に、分解した要因の相互の関係が分かるように整理して図示してください。

上記の設問に対する解答例は83ページにあります。

解説

17-2
インフルエンス・ダイアグラム

> インフルエンス・ダイアグラムを使って、レバレッジ・ポイントを見つけよう。限られた経営資源を何に集中投下するべきかを徹底的に考えるのが優れたビジネス・リーダーだからである。

● ケース・スタディの振り返り

　本章の主題は「影響の連鎖」である。前述の「風が吹けば桶屋が儲かる」も影響の連鎖そのものである。影響の連鎖を明らかにする目的は、レバレッジ・ポイントを見つけることにある。レバレッジ・ポイントとは数ある要因の中でも全体に大きな影響を与える要因のことであり、これに手を打つことができればビジネス案件の成功確率は向上する。

　ケースについて考えてみよう。営業時間、作業効率、看板メニュー、客単価はすべて業績に影響を与える要因である。この中に、他に比べて業績向上に大きく寄与する要因があれば、それがレバレッジ・ポイントである。

● インフルエンス・ダイアグラムのロジック

　影響の連鎖を探求するツールとして、インフルエンス・ダイアグラムがある。インフルエンス・ダイアグラムはシステム思考を取り入れており、要因間の複雑な影響関係をわかりやすく紐解くことができるところに良さがある。

　それでは、インフルエンス・ダイアグラムの作り方を解説しよう。最初に決めるのが価値ノードである。価値ノードとは、判断基準や目的となるもののことである。たとえば、一般に、売上、利益、マーケット・シェアなどが価値ノードになる。ケースの場合、ケース本文にもあったように「業績の向上」が価値ノードになる。他の要因と区別するために、価値ノードは六角形で表す。

　次に、価値ノードに直接影響を与えている要因を洗い出す。ケースの場合で

影響の連鎖の探求

は、「売上」と「費用」である。売上は客単価や来客数に左右される。一方の費用は原価や経費に左右される。要因のうち、自分では直接操作できない要因を確率ノードあるいは不確実ノードと言い、他と区別するために丸で表す。更に、売上に影響を与える要因、費用に影響を与える要因を次々に洗い出し、要因間の影響関係を線で結ぶ。要因の中でも自分が直接操作できる要因を意思決定ノードと呼び、四角形で表す。たとえば、看板メニューの開発、営業時間の延長などが意思決定ノードである。

最後に、洗い出した要因の中からレバレッジ・ポイントをみつける。通常、レバレッジ・ポイントは多くの矢印が集まっている要因になる。矢印が集まっているということは、そこを強化すれば業績は向上するはずだ。ただし、レバレッジ・ポイントが確率ノードあるいは不確実ノードの場合、直接、手を打つことはできない。そこで、レバレッジ・ポイントに影響を与えている意思決定ノードに目を移し、そこに手を打つことを検討する。

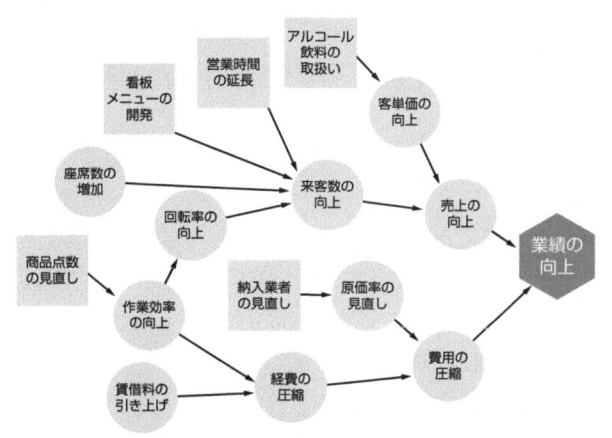

● 優れたビジネス・リーダーになるために

潤沢なキャッシュを持った企業であれば話は別だが、多くの場合、限られた経営資源でなんとかしなければならない。そんな時は、インフルエンス・ダイアグラムを使って、レバレッジ・ポイントを見つけよう。限られた経営資源を何に集中投下するべきかを徹底的に考えるのが優れたビジネス・リーダーだからである。

CASE STUDY

ケース・スタディ編

18-1 ── こんなときどうする？

> ラーメン屋を経営しているAさん。業績がちょっと上向きはじめたので、これを機に事業のフランチャイズ化を検討している。しかし、事業リスクを予測していないために友人から呆れられてしまう。

▌ケース・スタディ

　友人のアドバイスを受けてレバレッジ・ポイントを見つけたAさん。友人から資金を借り受けてやれることはすべてやった。そのおかげで、少しずつだが業績は回復し、店内は活況を取り戻すことができた。

　半年後、今度は事業をフランチャイズ化して加盟店を募集し、ロイヤルティ収入で儲けることを考え始めた。この話を耳にした友人はあきれ顔で言った。

Xさん　Aさん、業績がちょっと上向いてきたからといって、そんなにいろいろやって大丈夫か？
Aさん　心配してくれてありがとう。以前、みんなから教えてもらったインフルエンス・ダイアグラムを使って分析しているから大丈夫だよ。
Xさん　価値ノードは？
Aさん　ロイヤルティ収入の向上。
Xさん　レバレッジ・ポイントは？
Aさん　直接操作できる要因として、加盟店に対する技術提供。
Xさん　収益シミュレーションは？
Aさん　もちろん、OK。
Xさん　事業リスクは？
Aさん　えっ？　考えてなかった。
Xさん　そうか。それじゃ、今日はwhat-if分析を解説しよう。これも影響の連鎖を分析するメソッドだからね。
Aさん　What-if分析？

影響の連鎖の探求

Xさん そう。What-if 分析は「もし、〜したら」を繰り返し自問することで起こり得る将来の出来事を予測するツールでね。それも良い影響の連鎖と悪い影響の連鎖の両方を分析するんだ。たとえば、事業をフランチャイズ化することによる良い影響として、加盟店の増加を挙げてみよう。加盟店が増加すれば、知名度が向上し、一店舗あたりの売上 UP が期待できる。売上が UP すればロイヤルティ収入が増える。すると、僕らに借金が返済できて、更には再投資を目的とした資金を確保できるといった連鎖が考えられるね。

Aさん なるほど。悪い影響の連鎖は？ そっちのほうが事業リスクにつながるんじゃない？

Xさん そうだね。たとえば加盟店の…。おいおい、ちょっと待てよ。少しは自分で考えてみろよ。

Aさん そうか。でも、何のために将来の出来事を予測するんだい？ 予測してもそうなるかどうかなんて誰もわからないのに…。

Xさん そう。わからないから心の準備をしておくんだ。What-if 分析で重要なのは、アーリー・ウォーニング・サイン（初期警告＝Early Warning Sign）を見つけることだ。アーリー・ウォーニング・サインが見つかれば、損失を拡大させずに済むからね。

Aさん もうすこし具体的に教えてくれない？

▊▊ 設問

不確実な状況では、将来起こり得る出来事を予測し、リスクの大きさを測っておくことが重要です。許容できる限界以上のリスクを抱えてしまうのを防ぐためです。ついては、自分がかかわったビジネス案件をひとつ取り上げ、どのようにリスクを評価していたのかを明らかにしてください。

▊▊ 解答例

次に記述する What-if 分析、リスクリターン分析などがありますが、定量的にリスクの値を把握するのは難しいものです。

18-2
What-if 分析

> 不確実な状況のもとでは、戦略は画一的なものではなく、変化に応じて柔軟に切り替えるべきである。そのためには、大きな損失に至る小さな変化の予兆（アーリー・ウォーニング・サイン）を押さえると良い。

● ケース・スタディの振り返り

「企業には経営戦略はあるが、実現されたためしがない。」 乱暴な言い方だが、ある一面では事実である。戦略はなぜ実現できないのか。それは戦略が環境の変化（変化の質とスピード）の程度に左右されるからである。過去がそうであったように、持続的成長を基調とし、変化のスピードも緩やかであれば、計画した戦略の実現性は高くなる。ところが、現在のように非連続的で、下りのエスカレータを上るかのような経営環境のもとでは、戦略の実現性は低くなる。そもそも、3年前に計画した戦略が3年後に実現できたかどうかを論ずること自体、大した意味をもたない。より重要なことは、環境の変化に応じて柔軟に戦略そのものを見直し、損失を小さくすることである。

ケースについて考えてみよう。Aさんはインフルエンス・ダイアグラムを使ってリターンを最大化するレバレッジ・ポイントは押さえていた。しかし、将来起こり得る事業リスクを予測していなかった。友人のXさんはこのことを問題視していたのである。

● What-if 分析

What-if 分析には下の3つの特徴がある。
① What-if 分析は、単線ではなくツリー状に起こり得る将来の出来事を押さえるところに特徴がある。将来は確実ではなく不確実であることを前提にしているためである。

影響の連鎖の探求

②What-if 分析は、影響の連鎖を良い面と悪い面の両方から押さえるところに特徴がある。良い影響とはリターンであり、悪い影響とはリスクである。両方を押さえることで、リターンを最大化し、リスクを最小化する方法が検討できる。

③What-if 分析は、アーリー・ステージとミドル・ステージに分けて押さえるところに特徴がある。アーリー・ステージは短期的かつ直接的、ミドル・ステージは中期的かつ間接的という意味がある。これによって、連鎖の推移が見えやすくなる。

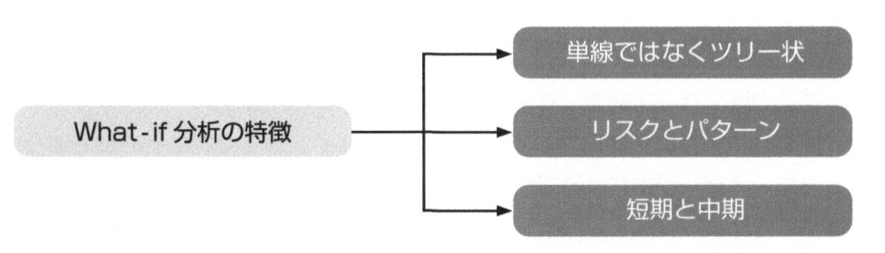

```
What-if 分析の特徴 ──┬──→ 単線ではなくツリー状
                    ├──→ リスクとパターン
                    └──→ 短期と中期
```

● 優れたビジネス・リーダーになるために

不確実な状況のもとでは、戦略は画一的なものではなく、変化の程度に応じて柔軟に切り替えるべきものである。そのためには、大きな損失に至る小さな変化の予兆(アーリー・ウォーニング・サイン)を押さえると良い。

CASE STUDY

18-3 — What-if 分析の具体例

> ラーメン屋を経営している A さん。What-if 分析によってアーリー・ウォーニング・サインを見つけることができた。自信を持った A さんに友人は更に…。

ケース・スタディ編

■ ケース・スタディ

　ここでは、ケースを使って What-if 分析をやってみよう。
　はじめに、良い影響については友人がアドバイスしてくれたとおりであり、ミドル・ステージにおけるゴールは再投資を目的とした資金調達であることを確認できた。なんといってもラーメン屋だけでは需要停滞のリスクがあるので、ゆくゆくは事業を多角化してリスクを分散できたらよいと思っている。次に、悪い影響を予測する作業に入った。その際、友人は次のようにアドバイスしてくれた。

X さん　悪い影響とは事業リスクの予測を意味するから、きちんと押さえておいたほうが良いね。そんな時、言葉は悪いけど自分がテロリストになったつもりで、事業を邪魔する方法を検討してみると予測しやすくなるよ。
A さん　たとえば、「どうすれば、加盟店の募集を邪魔できるのか」「どうすれば加盟店を離反させられるか」ということ？
X さん　そんな感じだね。

　分析の結果は次ページのとおりである。ここまで出来たら、最後にアーリー・ウォーニング・サインを特定する。要因が大きく下振れするところがアーリー・ウォーニング・サインである。
　たとえば、加盟店が増えてもチェーン本部の統制可能範囲を超えたら業務品質は低下し、最終的には顧客を逃がすことになる。アーリー・ウォーニング・サインは「統制可能範囲を超える」である。

影響の連鎖の探求

What-if分析の結果をもとに、Aさんはふたたび友人と会話した。

Aさん みんな、どうもありがとう。不確実な状況だからこそ、先々を見通す努力が大切なんだね。

Xさん そのとおり。

Aさん ところで、アーリー・ウォーニング・サインを見つけたら次にやるべきことは？

Xさん まず第1に監視の上、危なくなったらリスク回避。つまり、統制可能範囲を超えないように手を打つこと。次に、除去。つまり、限界数を超えた場合にバックアッププランを始動させること。

Aさん なるほど、それじゃ、さっそく具体的に検討してみるか。

Xさん ということは、フランチャイズ・ビジネスをはじめるということ？

Aさん もちろんだよ。だいぶ自信がついたからね。

Xさん 相変わらずだな。最低限、リスク許容限界は決めておけよ。

Aさん リスク許容限界？　う〜ん、それちょっと教えて！

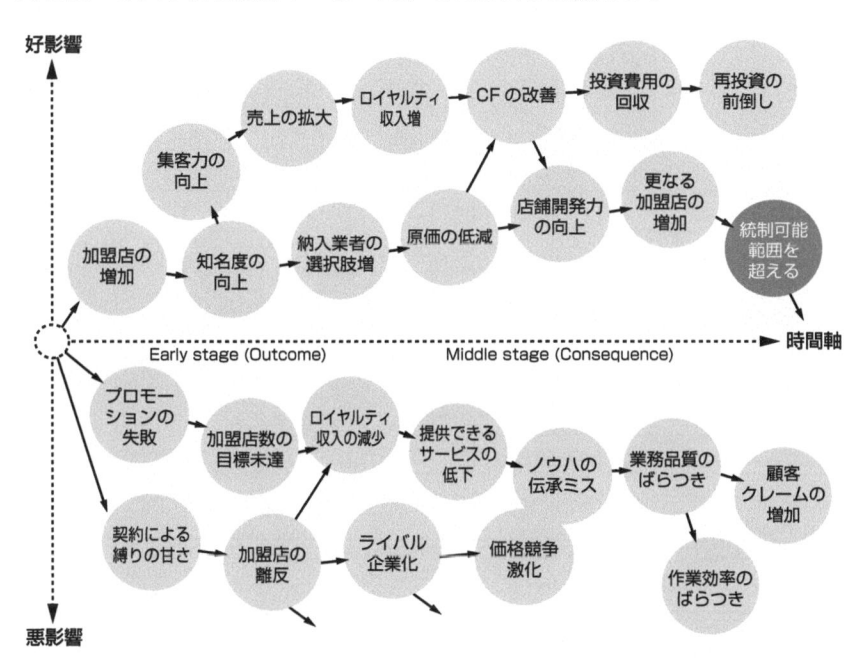

ケース・スタディ編

5

リスク許容限界

解説

19-1
正味現在価値

> 自動車部品メーカーに勤務しているAさんには夢がある。海か山の行楽地にお洒落なカフェを出して、のんびり人生を楽しむことだ。ところが収益をシミュレーションしてみると利益率に問題があることがわかった。

● 正味現在価値法とは

　現在、自動車部品メーカーに勤務しているAさんには夢がある。海か山の行楽地にお洒落なカフェを出して、人生をのんびりと楽しむことだ。開業に必要な資金調達の目処が立ち、そろそろ実現に移す日が近づいてきた。

　そんなある日、Aさんは自分の収益シミュレーションに間違いがあることに気づいた。現在の予想では売上高営業利益率は10%である。ところが、開業に必要な資金は金融機関から借り受け、その金利が8%である。これでは金利を差し引くと2%分しか手元に残らないことになる。薄利であり、これで借金を返すことができるのか、Aさんは不安になった。

　あわてたAさんがインターネットでいろいろ調べたところ、正味現在価値法という方法があることを知った。将来期待できるリターン（キャッシュフロー）を現在の金銭的価値に置き換えたとき、どれだけの価値があるのかを評価する方法である。

　わかりやすく解説しよう。たとえば、今日もらった100円を銀行に預けたとする。金利1%であれば、100円は1年後に101円になる。これは別の言い方をすれば、「1年後の101円は現在の価値に割り引くと100円である」と同じ意味である。

　それでは今日の100円と1年後の100円では、どちらに価値があるだろうか。答えは今日の100円である。なぜなら、今日の100円は1年後に101円であり、1年後の100円は今日の99円（99円＝100円÷（1＋1年目の金利0.01））にしかならないからである。

更に応用問題である。2 年後の 100 円を現在の価値に割り引くといくらになるだろうか。答えは 98 円である（98 円 = 100 円 ÷（1 + 1 年目の金利 0.01）÷（1 + 2 年目の金利 0.01））。

割引率

企業は事業を営むために資金を調達する。銀行から借り入れれば、支払い利息が発生する。株式市場から調達すれば、株主に対する配当が発生する。これらが資本コストである。

通常、資本コストは自社の資金調達構成によって異なる。そこで、調達構成ごとの資本コスト（%）と構成比率を使って加重平均資本コスト（WACC = Weighted average cost of capital）を算出し、割り引く際の割引率として用いている。

期待収益が低い場合の対応

さて、Aさんのケースがそうであったように、正味現在価値法を使って期待できる利益を算出したところ、予想していた数値よりも低かったとする。この場合、対策は2つある。第1に、利益に影響を与えている要因（たとえば、顧客単価）を特定し、下ぶれするリスクを最小限にする方法をとる。第2に、リアル・オプションの考え方を応用し、初期投資金額を抑える、あるいは事業の撤退を見越して負債の減額措置が適用されるように契約交渉するといった方法である。これらリスクとリアル・オプションについては次章で解説する。

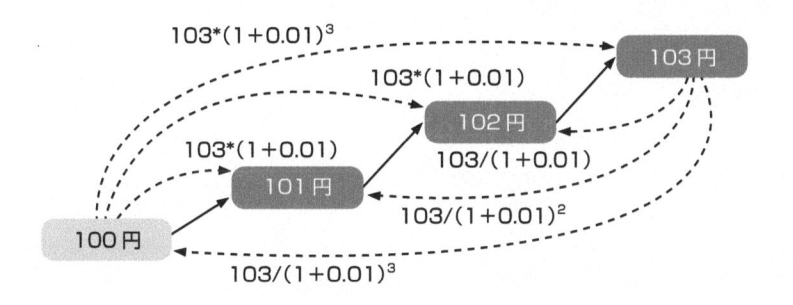

$$100円 \to 101円 \to 102円 \to 103円$$

矢印上の式：
- $100 \to 101$: $103/(1+0.01)^3$（逆方向）、$103*(1+0.01)$
- $101 \to 102$: $103*(1+0.01)$、$103/(1+0.01)^2$（逆方向）
- $102 \to 103$: $103*(1+0.01)$、$103/(1+0.01)$（逆方向）
- $100 \to 103$: $103*(1+0.01)^3$

CASE STUDY

19-2 ── こんなときどうする？

> Aさんは売上高営業利益率が10％にとどまる場合のキャッシュインフローをシミュレーションすることにした。もし、5年後に投資費用を回収し、黒字に転換していなければ夢を諦めるつもりである。

ケース・スタディ

　Aさんは売上高営業利益率が10％にとどまる場合、キャッシュフローがどのように推移するのか、シミュレーションすることにした。計算に必要な諸条件は以下のとおりである。お客さんがたくさん集まる楽観的な予測に基づいて数字は組み立てている。

　Aさんが気になっているのは初期投資費用の800万円である。これが何年で回収できるのかが見えないからだ。ただでさえ営業利益率が低いのに正味現在価値法を使って割り引いたらなおさら費用を回収できなくなる。もし、5年後に投資費用を回収し、黒字に転換してなければ夢を諦めよう。Aさんは心の中でイグジット・ルール（撤退基準）を決めていた。

項目	楽観的な予測
初期投資費用	800万円
資本コスト（割引率）	8％
メンテナンス費用	設備のメンテナンス費用として5年後に500万円がかかる。
来客数（1日）	200人
客単価	600円
製造原価	150円
営業日数	300日
経費（年間）	1,200万円
店舗賃借料（年間）	240万円
人件費（年間）	900万円

5章 リスク許容限界

設問

　はじめに、前ページの表をもとに5年間のキャッシュフローを現在価値で算出してください。次に、何年間で初期投資金額800万円を回収できるのかを確認してください。なお、ケースを簡単なものにするため、減価償却費は考え方の中に入れません。

上記の設問に対する解答例は96ページにあります。

CASE STUDY

19-3 ── こんなときどうする？

> カフェの出店を計画しているAさん。楽観的な予測数値を使った収益シミュレーションでは黒字になることを確認した。そこで、今度は悲観的な予測数値を使ってシミュレーションすることにした。

収益シミュレーションの結果

　収益シミュレーションの結果は以下のとおりである。楽観的な予測をもとにしているが、3年後には初期投資費用を回収できることがわかった。また、5年後には追加投資が必要になるが、現在の状況であれば問題のない範囲であることが確認できた。夢をつなぐことができたAさんは安堵しつつも更に考えてみることにした。

　「今の数値は楽観的な予測に基づいている。もし、景気予測が今より悪くなったらどうなるのだろうか。今度は悲観的な予測に基づく収益シミュレーションもしておこう」

	0年目	1年後	2年後	3年後	4年後	5年後
来客数		200	200	200	200	200
客単価		600	600	600	600	600
製造原価		150	150	150	150	150
営業日数		300	300	300	300	300
売上		36,000,000	36,000,000	36,000,000	36,000,000	36,000,000
売上原価		9,000,000	9,000,000	9,000,000	9,000,000	9,000,000
粗利益		27,000,000	27,000,000	27,000,000	27,000,000	27,000,000
経費		12,000,000	12,000,000	12,000,000	12,000,000	12,000,000
賃借料		2,400,000	2,400,000	2,400,000	2,400,000	2,400,000
人件費		9,000,000	9,000,000	9,000,000	9,000,000	9,000,000
営業利益		3,600,000	3,600,000	3,600,000	3,600,000	3,600,000
投資	8,000,000					5,000,000
CF	-8,000,000	3,333,333	3,086,420	2,857,796	2,646,107	-952,816
累積	-8,000,000	-4,666,667	-1,580,247	1,277,549	3,923,657	2,970,840

リスク許容限界

設問

はじめに、下の表（悲観的な予測）をもとに、5年間のキャッシュインフローを正味現在価値で算出してください。次に、今後の景気変動は不確実として楽観悲観の2つのパターンについてラプラスの原理を適用して統合し、5年間の収益シミュレーションを行なってください。

上記の設問に対する解答例は98ページにあります。

項目	悲観的な予測
初期投資費用	800万円
資本コスト（割引率）	8%
メンテナンス費用	設備のメンテナンス費用として5年後に500万円がかかる。
来客数（1日）	150人
客単価	500円
製造原価	120円
営業日数	365日
経費（年間）	960万円
店舗賃借料（年間）	220万円
人件費（年間）	720万円

解説

19-4
ラプラスの原理を用いた期待値の算出

> 将来の出来事が不確実とするならば、楽観的な予測、悲観的な予測といったように、複数の状況を予測してシミュレーションすることが望ましい。

収益シミュレーションの結果

悲観的な予測に基づく収益シミュレーションの結果は下の表に示したとおりである。初期投資費用を回収できないまま5年後の追加投資を迎えているため、現在の売上と費用では持ちこたえられないことがわかった。悲観的な予測をもとに経営判断するとなれば、カフェを出店することはできない。
次に、ラプラスの原理を適用して統合した結果をみてみよう。

	0年目	1年後	2年後	3年後	4年後	5年後
来客数		150	150	150	150	150
客単価		500	500	500	500	500
売上原価		120	120	120	120	120
営業日数		365	365	365	365	365
売上		27,375,000	27,375,000	27,375,000	27,375,000	27,375,000
売上原価		6,570,000	6,570,000	6,570,000	6,570,000	6,570,000
粗利益		20,805,000	20,805,000	20,805,000	20,805,000	20,805,000
経費		9,600,000	9,600,000	9,600,000	9,600,000	9,600,000
賃借料		2,200,000	2,200,000	2,200,000	2,200,000	2,200,000
人件費		7,200,000	7,200,000	7,200,000	7,200,000	7,200,000
営業利益		1,805,000	1,805,000	1,805,000	1,805,000	1,805,000
投資	8,000,000					5,000,000
CF	-8,000,000	1,671,296	1,547,497	1,432,867	1,326,729	-2,174,463
累積	-8,000,000	-6,328,704	-4,781,207	-3,348,340	-2,021,611	-4,196,074

リスク許容限界

ラプラスの原理を使った収益シミュレーション

ラプラスの原理は、起こり得る確率はすべて等しいものとして期待値（単純平均）を算出するという考え方である。

ラプラスの原理を用いたシミュレーションの結果は下の表に示したとおりである。表をみると、初期投資費用は4年後に回収できることがわかる。しかし、5年後には追加投資の影響を受けて、ふたたび赤字に転落している。金額はマイナス60万円あまりと少ないが、5年後の黒字転換をカフェ出店の厳格なルールとするならば、Aさんは夢を諦めざるを得ない。

	0年目	1年後	2年後	3年後	4年後	5年後
楽観CF	-8,000,000	3,333,333	3,086,420	2,857,796	2,646,107	-952,816
悲観CF	-8,000,000	1,671,296	1,547,497	1,432,867	1,326,729	-2,174,463
期待値(ラプラス)	-8,000,000	2,502,315	2,316,958	2,145,332	1,986,418	-1,563,640
累積	-8,000,000	-5,497,685	-3,180,727	-1,035,395	951,023	-612,617

優れたリーダーになるために

収益シミュレーションは、将来の価値を現在の価値に割り引くことで、より厳格に行なう。なぜならば、割り引いた結果が低ければ、他のビジネス案件に投資したほうが良いからである。このケースで言えば、総額1,300万円が投資費用であり、決して小さな額ではない。

収益シミュレーションは、将来の出来事が確実に起こることを前提にした場合、ひとつのシミュレーション結果を用いれば十分である。一方、将来の出来事が不確実とするならば、楽観的な予測、悲観的な予測といったように、複数の状況を予測してシミュレーションすることが望ましい。特に、今回はラプラスの原理を使って期待値を算出し、最終的な判断に結びつける方法を概観した。

解説編

解説

20-1
標準偏差を用いたリスクの算出

> リスクは振れ幅のことであり、標準偏差を用いることで成功する確率と失敗する確率を求めることができる。

リスクとは何か

本章におけるリスクとは、リターンの振れ幅のことを意味する。つまり、大きなリターンを得る可能性がある半面、大きな損失を被る危険性も含んでいることを指す。

ビジネス案件を意思決定する会議場面では、「それではローリスク・ローリターンだ」とか、「ハイリターンであり、ハイリスクでもある」といった言葉を耳にすることがある。しかし、多くの場合、こうした言葉は極めて感覚的に使っており、ロー・ハイの区別はできていない。もし、このリスク値を感覚ではなく、数値に置き換えることができれば、意思決定は合理的になるはずだ。それが本項の主題である。

ケース・スタディ

カフェの出店を夢見ているAさんのケースで考えてみよう。Aさんはまだ出店していないので、自分の経験をもとにした収益データのサンプルを持ち合

(万円)

月	1月	2月	3月	4月	5月	6月	平均
売上	320	320	330	330	340	340	330.0
費用	290	290	305	300	320	300	300.8
利益	30	30	25	30	20	40	29.2
利益率	9.4	9.4	7.6	9.1	5.9	11.8	8.8

わせていない。サンプルがないとリスクを定量化できないので、Ａさんは出店を計画している土地の近くで喫茶店を営んでいるＸさんの協力を得て６ヶ月分の月次決算報告書を借りることにした。ついては、これをもとにリスクの評価方法を概観する。

　表の平均欄をみるとわかるように、６ヶ月の平均利益率は 8.8%である（平均利益率＝ 29.2/330.0*100）。仮に資本コストが 8%であれば、採算ベースには乗っている。しかし、３月と５月の利益率は資本コストを下回っており、振れ幅があることを確認できる。この振れ幅がリスクであり、標準偏差で表すことができる。なお、標準偏差は Microsoft-excel で表すと次の算式になる。

標準偏差＝ STDEVP（１月の利益率欄：６月の利益率欄）

　この算式に当てはめて計算すると標準偏差は 1.8%になり、「リスク 1.8%」と表現できる。これではよくわからないので、この数字をもとにカフェが成功する確率を出してみよう。成功する確率は、資本コストを上回る確率ということができる。Microsoft-excel で表すと次の算式になる。なお、利益率のばらつきは以下の図に示すように正規分布に従うと仮定している。

成功確率＝ 100－NORMDIST（資本コスト, 期待利益率, 標準偏差, TRUE）*100

　算式に当てはめて計算すると成功確率は 67.9%であり、失敗する確率は 32.1%であることがわかる。

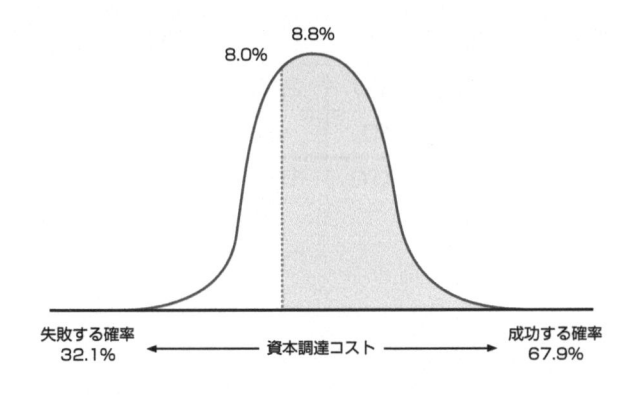

CASE STUDY

20-2 ── こんなときどうする？

> お洒落なカフェの出店を計画しているAさん。今度は、季節のイベントに応じて集客を伸ばすプランを作成し、成功確率を算出することにした。

■ ケース・スタディ

　お洒落なカフェの出店を計画しているAさんは、Xさんのデータを参考に、今度は数値を変更してみることにした。なお、ここでは、XさんのもとデータをプランA、変更したデータをプランBと呼ぶことにする。

　プランBは、春の花見の季節、ゴールデンウィークといった季節のイベントに応じて集客を伸ばすプランである。その結果は下の表のとおりである。Aさんが出店を考えている地域は海か山の行楽地であり、行楽客をしっかり呼び込もうとする意図を読み取ることができる。ただし、表を見てわかるように、先のプランAにくらべて季節変動が大きく、儲かるときは100万円の利益を得る半面、季節のイベントが少ない冬は20万円の赤字になっている。これらのことから、見た目にもリスクが大きいことがわかる。

（万円）

月	1月	2月	3月	4月	5月	6月	平均
売上	280	320	400	300	500	360	360.0
費用	300	295	360	255	400	360	328.3
利益	-20	25	40	45	100	0	31.7
利益率	-7.1	7.8	10.0	15.0	20.0	0.0	8.8

設問

　はじめに、スプレッド・シートを使ってプランBのリスク（標準偏差）および成功確率を算出してください。次に、プランAとBを比較して、どちらのプランを選択すべきか、分析、判断してください。なお、利益率のばらつきは正規分布に従うことを前提に考えてください。

上記の設問に対する模範解答は104ページにあります。

解説編

20-3
振れ幅と確率

> リスク（振れ幅）と確率がわかれば、2つの異なる選択肢からひとつを選択することが可能となる。

● プランAとプランBの比較

　次ページの表を使って、プランAとプランBを比較してみよう。既述のとおり、プランBは春の花見やゴールデン・ウィークといった季節のイベントに応じて売上の変動が大きいプランである。6ヶ月の平均値をみると、プランBが売上、利益額ともにAをやや上回っているため、魅力的に見える。しかし、利益率に目を転ずると8.8％と同率であり、仮に利益率を判断基準としている場合、プランAとBの間で優劣がつかなくなる。

　そこで、既述の期待値分散原理に基づいて考えてみることにする。期待値分散原理に基づけば、期待値が同じ場合は振れ幅が小さい方を選択することになる。プランAとBでは、標準偏差欄をみてわかるように、プランAのほうが振れ幅は小さい。よって、期待値分散原理に基づけばプランAを選択することになる。

　次に成功確率を見てみよう。プランAの成功確率は67.9％であり、プランBの成功確率を10％以上も上回っている。よって、成功確率の観点から鑑みても、プランAがプランBに勝っている。プランBがプランAに勝っているのは利益額である。しかし、平均で見ればわずかな値であり、積極的にプランBを選択する理由にはならない。

プラン A	比較項目	プラン B
300.0	売上	360.0
300.8	費用	328.3
29.2	利益	31.7
8.8	利益率	8.8
1.8	標準偏差	9.0
8.0	資本調達コスト	8.0
32.1	コストを割る確率	46.5
67.9	上回る確率	53.5

プラン A　　　　　　　　　　　　　　　　　　　　　　　　　　　　　（万円）

月	1月	2月	3月	4月	5月	6月	平均
売上	320	320	330	330	340	340	330.0
費用	290	290	305	300	320	300	300.8
利益	30	30	25	30	20	40	29.2
利益率	9.4	9.4	7.6	9.1	5.9	11.8	8.8

プラン B　　　　　　　　　　　　　　　　　　　　　　　　　　　　　（万円）

月	1月	2月	3月	4月	5月	6月	平均
売上	280	320	400	300	500	360	360.0
費用	300	295	360	255	400	360	328.3
利益	-20	25	40	45	100	0	31.7
利益率	-7.1	7.8	10.0	15.0	20.0	0.0	8.8

振れ幅と確率

これまで、正規分布を前提にリスク（振れ幅）と確率の関係を解説してきた。しかし、世の中の事象はすべてが正規分布になるわけでもなく、これ以外の場合についても理解を深めておいたほうがよい。

そこで、次項では正規分布ではなくβ分布を用いてスケジュール・リスクを算出する方法を概観することにする。

解説

21-1
β分布を用いたスケジュール・リスクの算出

> スケジュールの見積もりはβ分布に従う傾向がある。この特徴を用いてスケジュール・リスクを定量的に算出できる。

● ケース・スタディ

Aさんがカフェを予定している土地には、現在、古い家屋が建っている。そこで、解体に必要な工期を知り合いの工務店に見積もってもらったところ、以下の表に示す回答があった。

単純作業は別にして、不確実な要因が含まれているスケジュールの見積もりは、50％の確かさをもって見積もった工期に対して、90％の確かさをもって見積もった工期は3倍になると言われている。たとえば、50％が10日であれば、90％は30日になる。これを図に置き換えると

ケース	補足説明	工期
楽観値	楽観的に見積もった場合の値	8日
最頻値	可能性が最も高いと思われる値	12日
悲観値	最悪の場合の値	20日

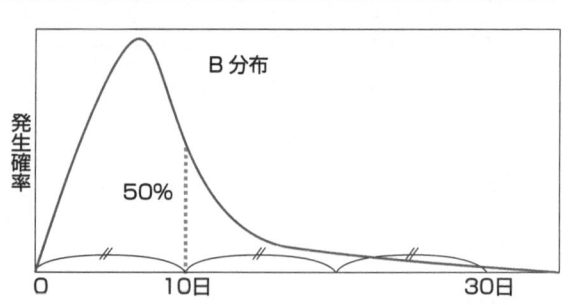

β分布になる。工期の見積もりが長くなるのは、納期遅れに対する不安の反動と思われる。

● β分布を用いたスケジュール・リスクの算出

さて、スケジュールの見積もりがβ分布になることを用いて、スケジュール・

リスク許容限界

リスクを算出してみよう。はじめに、期待値はβ分布の場合、(楽観値＋最頻値×４＋悲観値)÷６で簡易的に計算できる。実際に数値を当てはめると12.7日になる。次に、分散の値を求める算式は((悲観値－楽観値)÷6)^{2}であり、計算すると4.0日になる。最後に、標準偏差は$\sqrt{}$分散であることから、2.0日になる。

これらの数値がわかったところで、最頻値の成功確率をスプレッド・シートで分析してみる。なお、Microsoft excelでは次のようになる。

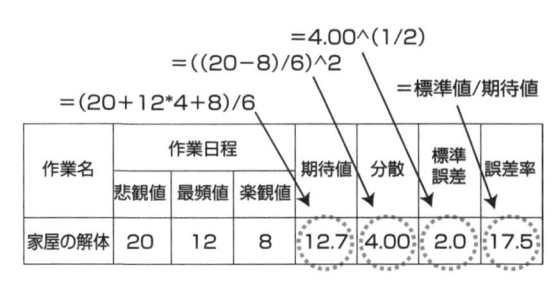

= (20+12*4+8)/6 → 期待値
= ((20-8)/6)^2 → 分散
= 4.00^(1/2) → 標準誤差
= 標準値/期待値 → 誤差率

作業名	作業日程			期待値	分散	標準誤差	誤差率
	悲観値	最頻値	楽観値				
家屋の解体	20	12	8	12.7	4.00	2.0	17.5

最頻値の成功確率＝NORMDIST（最頻値, 期待値, 標準偏差, TRUE）*100

スケジュールの見積もりはβ分布に従う傾向があるのに対して、実際の工期の分布は正規分布に従うと仮定する。このことを前提に、算式に数値を当てはめると36.2%の確率で最頻値の12日以内に工事が完了し、63.8%の確率で12日を上回ることがわかる。これほど大きなスケジュール・リスクを許容するのは容易なことではない。

更に正規分布の特徴を用いて、分析を加えてみよう。正規分布の場合、期待値（μ）±1σに収まる確率は68.26%である。つまり、工期10.7日（＝期待値12.7－標準偏差2.0）から14.7日（＝12.7+2.0）の間に作業が完了する確率が68.26%という意味になる。更に、期待値（μ）±2σに収まる確率は95.44%である。つまり、8.7日（＝12.7－2.0－2.0）から16.7日（＝12.7+2.0+2.0）の間に作業が完了する確率は95.44%になる。知り合いの工務店が言う20日まで工期を取らなくても十分と言えるだろう。

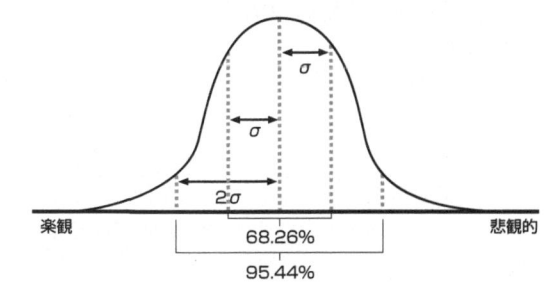

解説

22-1
感度分析

> 感度分析は業績に影響を与える要因を見つけ、これを強化することでビジネス案件の成功確率を高めることを目的とした分析ツールである。

● 感度分析とは

感度分析は、既述のレバレッジ・ポイント（業績に大きな影響を与える要因）を見つけ、これを強化することでビジネス案件の成功確率を高めることを目的とした分析ツールである。カフェの出店を考えている A さんのケースで考えてみよう。

単位：円

			最頻値	悲観値	楽観値
売上			27,600,000		
	客単価		800	600	1,000
	販売数量		34,500		
		営業日数	345	330	360
		1日当りの営業時間数	10	8	10
		時間当りの来客数	10	6	15
費用			25,185,000		
	変動費		8,625,000		
		客単価当りの原材料費	240	224	256
		客単価当りのその他の経費	10		
	固定費		16,560,000		
		人件費	12,000,000	10,000,000	12,000,000
		家賃	2,400,000		
		水道光熱費	960,000		
		減価償却費	1,200,000		
利益			2,415,000		
利益率			8.8		

ケース・スタディ

前ページの表がモデルケースである。最頻値の利益率は 8.8％である。仮に資本コストが 8％だとすれば、利益が出るぎりぎりのラインである。次に、インフルエンス・ダイアグラムを作成し、業績に影響を与える要因を分析したところ、客単価、営業日数、1 日当りの営業時間数、時間当りの来客数、客単価当りの原材料費、人件費の 6 項目が見当たったとする。そこで、6 項目のそれぞれについて悲観値を入れた場合と楽観値を入れた場合の 12 通りのシミュレーションを行ない、トルネード・チャートに表してみる。

トルネード、つまり、竜巻の図のようになるように上から並べると、時間当りの来客数が利益率に大きな影響を与える要因（レバレッジ・ポイント）であることがわかる。このことから、利益率を 8.8％以上にするためには、たとえば「顧客の回転数を上げる」「座席数を増やす」「注文から提供するまでの時間を短縮する」といった方法をとることで来客数を向上すれば良いことになる。

	-30	-20	-10	0	10	20	30
時間当たりの来客数	-31.3						28.8
客単価			-11.7			21.0	
1 日当たりの営業時間数			-6.3		18.8		
人件費					8.8　16.0		
客単価あたりの原材料費					6.8　10.8		
年間の営業日数					6.0　11.3		

CASE STUDY

22-2 ── こんなときどうする？

> ある家の主が東京湾岸エリアにマンションを購入しようと考えていたとする。しかし、そこには複数の不確実要因があるため、感度分析でレバレッジ・ポイントを見つけることにした。

ケース・スタディ

簡単なケースを使って感度分析してみよう。

カフェの出店を計画しているAさんは、投資目的でマンションの購入を検討している。希望は東京湾岸エリアの高層マンション（30階建）である。現在の貯蓄額から考えると、5,500万円の3LDKの物件が妥当と考えている。

この湾岸エリアは人気が高く、現段階で再販しても資産価値は6,000万円であることがわかっている。これをベース・ケースにする。

次に、資産価値を左右する要因を洗い出してみよう。現在、この地域で話が出ているのは、大型商業施設の誘致、西側のマンション計画、湾岸エリアの下水道インフラの整備、新駅の計画の4つである。

はじめに、大型商業施設の誘致が成功すれば、資産価値は一気に8,000万円に跳ね上がる。一方、計画が白紙になっても今の価格から下がることはない。西側のマンション計画は現段階では土壌汚染の問題で計画が凍結されているが、仮に建設されるとなれば眺望が損なわれるために資産価値が5,000万円に下がる。下水道インフラの整備は不透明だが、できれば資産価値が6,200万円になり、できなければ5,800万円になる。最後に、新駅ができれば利便性は向上するので資産価値は7,000万円になり、できなければ5,500万円になる。

設問

　はじめに、ここまで集めたデータを使ってトルネード・チャートを作成してください。次に、グラフから読み取れることを幅広く挙げてください。

上記の設問に対する解答例は112ページにあります。

CASE STUDY

22-3 ── こんなときどうする？

> Aさんはトルネード・チャートを使ってマンションの資産価値に影響を与える要因の大きさを測ることができた。しかし、各要因が実際にどれくらいの確率で起こるのかがわからないために投資判断を躊躇している。

ケースの回答

　トルネード・チャートは、竜巻のように上から影響の大きな要因を並べる。よって、最初に大型商業施設が挙がり、最後が下水道インフラの整備となる。

　トルネード・チャートをみると、大きく上ぶれする要因は大型商業施設の建設であり、下ぶれする要因は西側マンションの建設である。仮に西側にマンションができても大型商業施設が建設されればマイナスを上回る利益を得ることができるので安心できる。一方、西側にマンションが建設され、かつ新駅ができないとなると資産価値は大きく損なわれることになるので要注意である。

　トルネード・チャートを使って感度分析すれば、どのような組み合わせが最悪の事態を招くのかが可視化されて便利になる。

	5,000	5500	6,000	6,500	7,000	7,500	8,000
大型商業施設の誘致				■	■	■	■
新駅の計画		■	■	■	■		
西側マンションの建設	■	■	■				
下水道インフラの整備			■				

ふたたび、ケース・スタディ

　ところが、Aさんはマンションを購入すべきか判断しかねている。なぜならば、各要因が実際にどれくらいの確率で起こるのかがわからないからだ。そこで、Aさんは知り合いのコンサルタントに頼んで、4つの要因の確率を算出してもらった。それが下の表である。

	大型商業施設	西マンション	下水インフラ	新駅
出来る	70%	50%	40%	80%
出来ない	30%	50%	60%	20%

設問

　仮に、表に出ている各確率が信頼できる数値だとして、この表から読み取れることは何でしょうか。

上記の設問に対する模範解答は114ページにあります。

解説

22-4
ディシジョン・ツリー

> 仮に、大型商業施設の誘致や新駅の計画といった不確実要因が発生する確率を数値で表すことができるならば、新たにディシジョン・ツリーを作成することで更なる分析を加えることができる。

● ケース・スタディの振り返り

　資産価値に影響を与える要因と各確率がわかることで2つの分析が可能になる。第1に、ディシジョン・ツリーを使った期待効用の最大値の算出である。第2に、累積確率分析を使った確率分布の把握である。本項では、ディシジョン・ツリーについて解説し、累積確率分析は次項とする。

● ディシジョン・ツリー

　ディシジョン・ツリーは、意思決定に影響を与える要因のどのような組み合わせが、期待収益を高めたり下げたりするのかを分析するツールである。木が枝を広げるようなさまであり、それぞれの組み合わせごとに意思決定ポイントがあるために、ディシジョン・ツリーと言う。

　次ページの図をみてみよう。西側マンションを除いてすべての要因が満たされるときに期待収益が最大値になる。この時、ベース・ケースに3,200万円が上乗せされて、総額9,200万円となる。かなり好条件であることはわかるが、起こり得る可能性は11.2%であり、決して高い確率とは言えない。

　そこで、今度は起こり得るすべての可能性における確率と金額を用いることで期待値（加重平均値）を算出してみる。図をみると、期待値はベース・ケースに対してプラス1,560万円であることが読み取れ、やはり好条件であることが確認できる。

　ここまでくると投資したくなるが、念のためにベース・ケースを上回る確率

5章 リスク許容限界

を次項で確認しておこう。その時に役立つのが次項で解説する累積確率分析である。

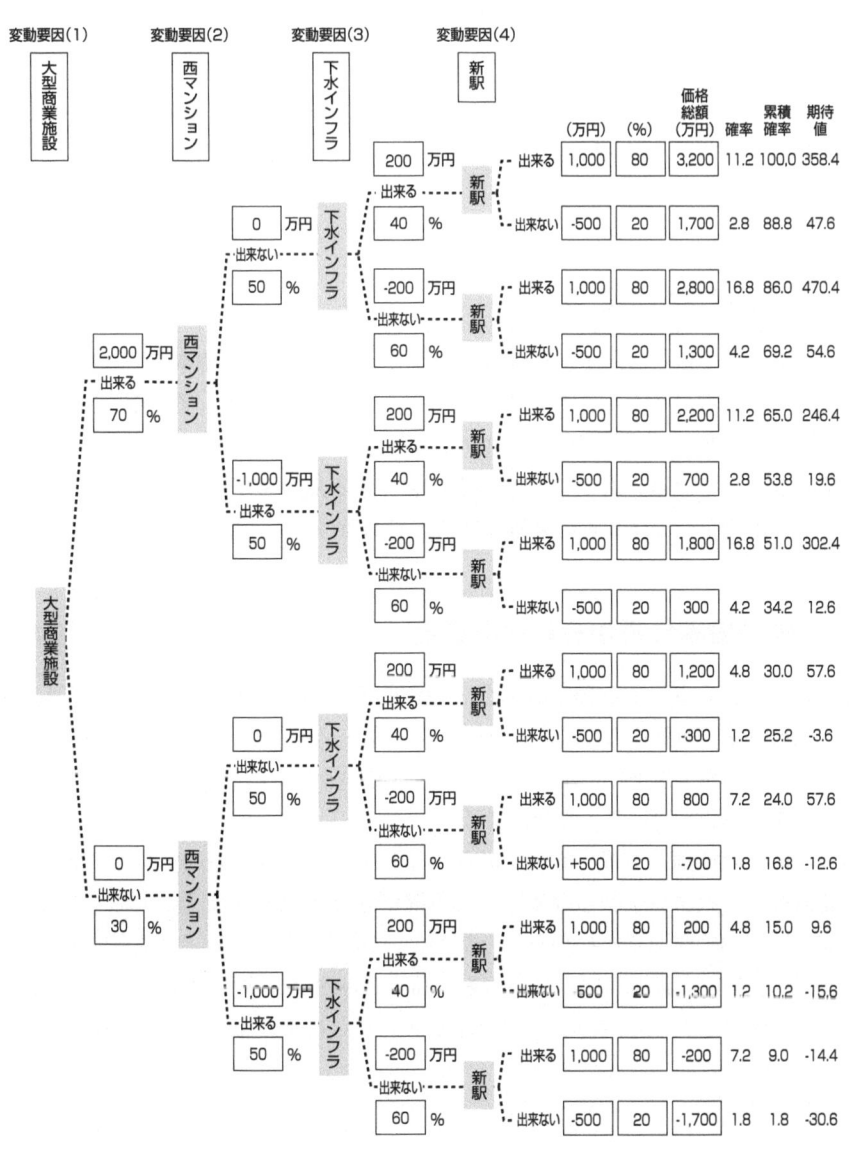

変動要因(1)	変動要因(2)	変動要因(3)	変動要因(4)		(万円)	(%)	価格総額(万円)	確率	累積確率	期待値
大型商業施設	西マンション 2,000万円 出来る 70%	下水インフラ 0万円 出来ない 50%	新駅 200万円 出来る 40%	出来る	1,000	80	3,200	11.2	100.0	358.4
				出来ない	-500	20	1,700	2.8	88.8	47.6
			新駅 -200万円 出来ない 60%	出来る	1,000	80	2,800	16.8	86.0	470.4
				出来ない	-500	20	1,300	4.2	69.2	54.6
		下水インフラ -1,000万円 出来る 50%	新駅 200万円 出来る 40%	出来る	1,000	80	2,200	11.2	65.0	246.4
				出来ない	-500	20	700	2.8	53.8	19.6
			新駅 -200万円 出来ない 60%	出来る	1,000	80	1,800	16.8	51.0	302.4
				出来ない	-500	20	300	4.2	34.2	12.6
	西マンション 0万円 出来ない 30%	下水インフラ 0万円 出来ない 50%	新駅 200万円 出来る 40%	出来る	1,000	80	1,200	4.8	30.0	57.6
				出来ない	-500	20	-300	1.2	25.2	-3.6
			新駅 -200万円 出来ない 60%	出来る	1,000	80	800	7.2	24.0	57.6
				出来ない	+500	20	-700	1.8	16.8	-12.6
		下水インフラ -1,000万円 出来る 50%	新駅 200万円 出来る 40%	出来る	1,000	80	200	4.8	15.0	9.6
				出来ない	500	20	-1,300	1.2	10.2	-15.6
			新駅 -200万円 出来ない 60%	出来る	1,000	80	-200	7.2	9.0	-14.4
				出来ない	-500	20	-1,700	1.8	1.8	-30.6

加重平均値 1560.0

※金額はベースケースに対する増減額を示す。

解説

22-5
累積確率分析

> ディシジョン・ツリーをスプレッド・シート上で累積確率分析に置き換えることで、視覚的に新たな示唆を得ることができる。

● 累積確率分析とは

　累積確率分析とは、ディシジョン・ツリーで表された各確率を一つずつ累積させることで見えてくる確率分布を分析するツールである。累積確率分析は2軸を使っており、X軸（横軸）は期待収益の大きさ、Y軸（縦軸）は発生する確率を示している。よって、前ページの各確率と期待値がわかればスプレッド・シート上でグラフ化するのは容易なことである。

● 累積確率分析からわかること

　右ページのグラフを見てみよう。近似曲線とY軸（確率）が交差しているところは20％弱であり、これはベース・ケースを下回る確率が20％弱であり、上回る確率は80％強あることを示している。つまり、この投資案件の成功確率は極めて高いことを意味する。

　次に、期待値（加重平均値）は7,560万円（6,000万円＋1,560万円）であり、これより上回る確率と下回る確率は50：50である。しかし、グラフ上に補助線を引くとわかることだが、7,560万円を下回る点の数のほうが圧倒的に多い。裏返せば、期待値を上回る組み合わせは少ないが、一つひとつの発生確率は大きく、また、期待収益も大きく跳ね上がることを意味している。

累積確率分析

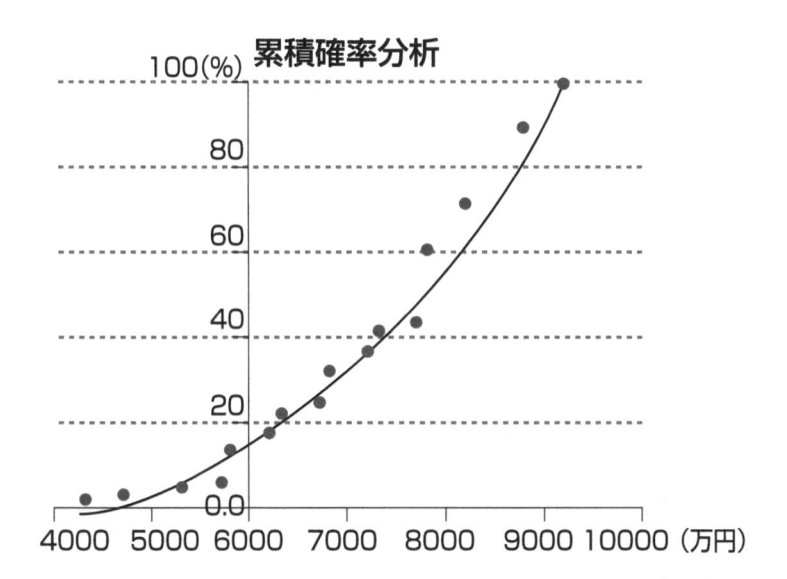

リスク許容限界

リスク選好度

　この投資案件は極めて成功確率が高いことがわかったが、それでも投資を控える人はいるものである。ここにリスク選好度という言葉がある。リスク選好度とは、リスクを好んで選ぶ傾向のことである。リスク選好度が低い人は、成功確率が高くても損をする可能性がわずかでもあるとコーシャス（慎重）になって投資しようとしない。会議の場面を思い浮かべてみよう。新規ビジネスや設備投資の案件に際して意見が割れるのは、このリスク選好度の違いからきている。

　それでは、人によってリスク選好度が異なるのはなぜか。それは、第1にパーソナリティに起因すると考えられる。パーソナリティとは人格のことであり、気質、性格、態度といった要素で作られている。パーソナリティは、その人の生まれ育ち、今日に至るまで、歴史の中でつくられるものであり、パーソナリティを変えることは難しい。

　第2に、ビジネス案件のように、自らの意思決定が自社のみならず、取引先の人々の人生まで左右するとなれば、誰もが慎重になるはずである。つまり、背負うものの大きさが人の選好度に影響を与えると考えられる。

解説

22-6
プロスペクト理論

> プロスペクト理論は、経済学では説明がつかない非合理的な人間行動に関する理論である。この理論を意思決定論に応用すると、レファレンス・ポイントの問題が浮かび上がってくる。

● プロスペクト理論とは

プロスペクト理論は、経済学では説明がつかない非合理的な人間行動として損失回避性と感応度逓減性の2つをわかりやすくモデル化した理論である。

● 損失回避性

ケースで考えてみよう。カフェの出店を夢見ているAさんは開業資金を増やすために株をはじめた。ある時、手に入れたX社の株は小幅ながら上昇しはじめた。待てば利益を大きくできる半面、損をする可能性も大きくなる。次第にAさんはどうしたらよいのかわからなくなり、あと数日様子をみてもよかったのに早々にX社の株を手放し、利益を確定させてしまった。結果として、手数料を引いて手に入れた利益はわずかである。

一方、高値で買ってしまったY社の株価はこのところ下がる一方である。ところが、いま売ると損が出るのでためらうAさんはY社の株を売るに売れなくなっている。

人は不確実な状況では利得以上に損失を大きく見積もるものであり、損失を回避しようとする。こうした傾向のことを損失回避性と言う。

● 感応度逓減性

ここでもケースで考えてみよう。Aさんは宝くじを買うことにした。すると、

ビギナーズラックで5万円が当った。Aさんはとても喜んだ。数日後、今度は1,000万円が当った。もう気絶しそうである。そして、数日後、また、5万円が当った。しかし、今度はそれほど満足していない。最初の5万円と後の5万円は同じ5万円だが、0円が5万円になった時の満足度と1,000万円が1,005万円になった時の満足度では、後者のほうが喜びは少ないものである。これが感応度逓減性である。

意思決定論におけるレファレンス・ポイントの重要性

人はなんらかの基準に照らしてものごとを判断している。この基準のことをレファレンス・ポイント（参照基準点）という。たとえば、いつも同じスーパーで買い物をしているのは、そこが他と比較して安心できるからである。一方、基準がなければ人は判断できなくなる。たとえば、この世の中に人がひとりしかいなければ、自分は背が高いのか、あるいは低いのかは誰も判断できない。

意思決定を含む会議の中で、出席者の意見が割れる原因のひとつに、このレファレンス・ポイントの問題が挙げられる。たとえば、新規のビジネス案件の会議に際して、50億の売上に大きな効用を感じる人がいれば、小さな効用しか感じない人もいる。これは各人のレファレンス・ポイントが異なるからである。また、事業の撤退に際して、50億円の赤字を大きな問題と感じる人がいれば、微々たるものだと感じる人もいる。これもレファレンス・ポイントが異なるからである。そこで、必要以上に意見が割れるのを防ぐためには、出席者の間でレファレンス・ポイントを合わせると良い。たとえば、新規のビジネス案件を議論している場合であればベース・ケースであり、事業の撤退を議論しているのであればイグジット・ルールがレファレンス・ポイントになる。

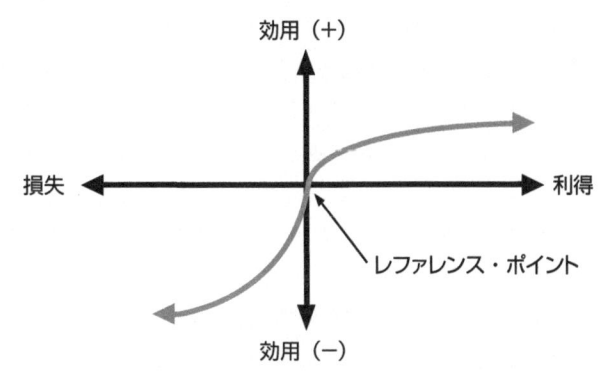

23-1
アンカリングの罠

> 人はレファレンス・ポイントがなければ判断できない。よって、アンカリング自体が問題なのではなく、不適切なレファレンス・ポイントをアンカーにしていることが問題の本質である。よって、レファレンス・ポイントの精度を上げることが解決策となる。

アンカリングの罠とは

アンカリングの罠とは、最初に見せられた情報がレファレンス・ポイントになり、その後の判断が歪む人間心理のことである。

たとえば、ボロボロの車を見た後に自分の車を見れば輝いて見えてくる。しかし、ピカピカの外車を見た後に自分の車を見れば色あせて見えてくる。同じ自分の車でも見え方は変わるものである。

問題の本質は何か

こうしたアンカリングの罠は戦略策定の各場面で露呈する。ここでは戦略オプションの設定と自社分析の2つの場面に分けて問題の本質を解説する。

第1に、外部環境の不確実性が高い場合、ベース・ケース（最頻値）と楽観値、悲観値の3つを戦略オプションとして設定するが、これらはベース・ケースがレファレンス・ポイントになって楽観と悲観に分かれている。よって、ベース・ケースの高低によって、同じ楽観値（悲観値も同様）でも見え方が変わってしまう。たとえば、初年度5億の売上をベース・ケースにしている場合、10億の楽観値は非常にむずかしい数字である。これに対して、8億の売上をベースにしている場合、10億の楽観値は実現可能な範囲に見えてくる。

第2に、自社分析の代表的な分析ツールと言えば、SWOT分析やバリュー・チェーン分析である。これらの分析ツールは相対的比較を通じて自社の強みと

弱みを特定する方法である。つまり、比較対象となる企業をレファレンス・ポイントとして設定し、競争上優位に立てる面が強みになり、競争上劣位になるところが弱みになる。このように考えると、仮に比較対象にならない企業をレファレンス・ポイントに設定した場合、自社の強みと弱みは極めて根拠のない内容になる。

　人はレファレンス・ポイントがなければ判断できない。よって、アンカリング自体が問題なのではなく、不適切なレファレンス・ポイントをアンカーにしていることが問題の本質である。

優れたビジネス・リーダーになるために

　戦略オプションを設定する際にアンカリングの罠に陥らないためには、厳密にベース・ケースを算出すれば良い。一方、自社分析における問題の本質を解決しようと思ったら、自社の競争相手をよく知ることである。これは平易な言葉ではあるが、決して容易なことではない。市場と商品が細分化し、複数の事業を経営するのが当り前になっている今、企業単位で競争相手を特定することに無理があるからだ。また、仮に現在の競争相手を特定することができても将来の競争相手を特定するのはもっと難しい。なぜならば、複雑かつ不確実な変化が常態化しているからだ。よって、分析結果を過信することなく、誤りがあれば修正を繰り返す経営の柔軟性が必要となる。この点については第6章「不確実性の考慮」で詳述する。

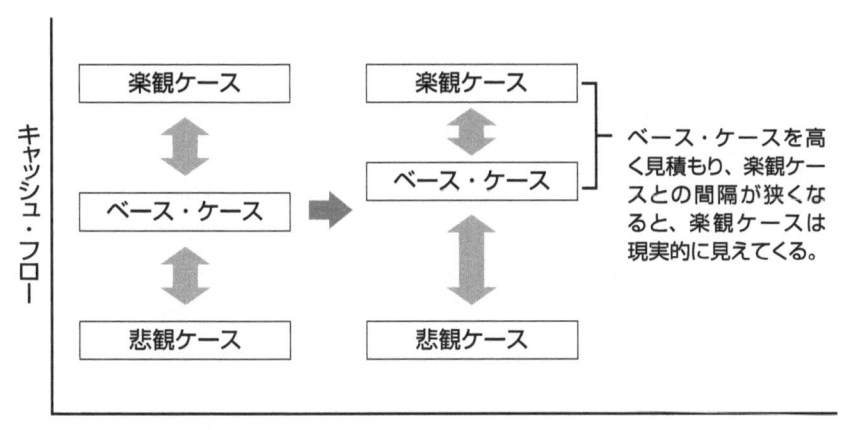

```
キャッシュ・フロー
    楽観ケース          楽観ケース   ┐
       ↕                   ↕       │ ベース・ケースを高
    ベース・ケース   →   ベース・ケース │ く見積もり、楽観ケー
       ↕                   ↕       │ スとの間隔が狭くな
    悲観ケース          悲観ケース   │ ると、楽観ケースは
                                   ┘ 現実的に見えてくる。
```

CASE STUDY

24-1 ── こんなときどうする?

> カフェの出店を計画しているAさん。3つの戦略オプションを用意したものの、最後は中庸な選択肢の選択になってしまった。

ケース・スタディ

カフェの出店を計画しているAさん。以下のような3つの戦略オプションを作成した。

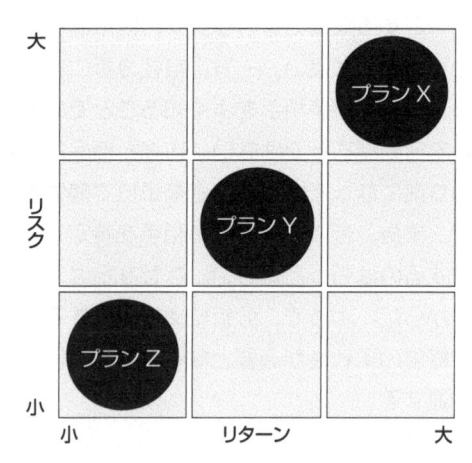

（縦軸：リスク（小〜大）、横軸：リターン（小〜大）のマトリクス。プランXはリスク大・リターン大、プランYは中央、プランZはリスク小・リターン小）

どのプランで事業をスタートすべきかを家族で話し合った。
その時の会話は以下のとおりである。

家族 3つのプランはリスクとリターンの点でそれぞれ特徴があるね。
家族 プランXはリスクが大きくてリターンも大きい。家族が一致団結してがんばれば乗り切れそうな気がするな。
家族 やっぱり、せっかくやる以上は大きなリターンが欲しいな。そのためには多少のリスクは覚悟しないとね。
家族 わたしも。将来、カフェを2店舗、3店舗と増やせたら最高。

家族 でも、家族の誰かが病気にでもなったらどうする？
家族 借金の返済もできなくなるし。
Aさん そうか。だったらプランZは？ こっちはかなりリスクがないプランにしたつもりだが。
家族 リスクが小さい分、リターンも小さくなる。どうしてもリスクとリターンは比例するものだね。
家族 これでは一大決心する意味がないなぁ。
Aさん う〜ん。だったらプランYは？ プランYはプランXのリスクを分散して、プランZのリターンを可能なかぎり最大化したようなプランなんだが。
家族 それぞれのいいところをとったわけだね。
Aさん まぁ、そう言えなくもないが。
家族 やっぱり、これくらいからはじめたほうがいいんじゃない？

　会議の最初は強がりを言っていた家族だったが、時間をかけて議論しているうちに、最後は中庸な選択肢に落ち着いた。

設問

　はじめに、異なる3つのプランのうち、ちょうど真ん中のプランを選んでしまうといった経験を思い出してください。ビジネスでもプライベートでもかまいません。次に、真ん中のプランを選んでしまう原因を考えてください。

解答例

　たとえば、ホテルに食事に行った際、3,000円、5,000円、7,000円の3つのコースがあるうち無難な真ん中のコースを選んでしまったり、部下の人事考課に際して、高くも低くもつけることができず、プラスマイナスゼロの評価をしてしまったりという例が挙げられます。

解説

24-2
無難な選択肢の選択

> 無難な選択肢の選択は時に何もしないに等しい。リスクに過剰反応し、大きなチャンスを逃すことがないように心がけるべきである。

ケース・スタディの振り返り

　ケースは、①複数の利害関係者が意思決定に関与しており、②複数の選択肢があり、③そのうちどれかを選択するといった問題である。このような場合、他の選択肢を消去することでどれかひとつを選択する傾向が強いことに注意するとよい。

　リスクとリターンはトレード・オフの関係になりやすい。つまり、大きなリターンを得ようと思ったら大きなリスクを許容せざるを得ない。しかし、プロスペクト理論で確認したように、人には損失回避性があるために、同額のリターンよりもリスクを大きく見積もる。結果として、ハイリスク・ハイリターンのプランXは倦厭される。

　一方、ローリスク・ローリターンのプランZは、多くの場合、実現可能性が高く、利益を確定しやすいため、一見、好ましく感じる。事実、リスク選好度が低く、プランZで要求水準を満たしていると感じている人たちであれば、プランZに落ち着くことだろう。

　ところが、複数の利害関係者が意思決定に関与しており、異なるリスク選好度の人がいる場合において、プランZは否決されやすい。なぜならば、リスク選好度が低い人たちは責任をわかち合いたいと考える傾向があり、他のプランを推す人たちを説得するほど支配的になれないからだ。

　このようにして、複数の利害関係者が意思決定に関与しており、複数の選択肢からどれかひとつを選択する場合、上か下かではなく、真ん中の無難な選択肢を選択する傾向が高くなる。

リスク許容限界

問題の本質は何か

このケースにおける問題の本質は2つある。第1に、消去法をとっているために、ミドルリスク・ミドルリターンのプランYの適否を正しく分析しないままに意思決定する危険性があること。第2に、プランXのリスクを過剰に評価し、せっかくのチャンス（リターン）を逃しかねないことである。

第1の問題の本質については、消去法をやめることが解決策であり、難しいことではないので、本項では第2の問題の本質について言及する。

優れたビジネス・リーダーになるために

私たちは、ビジネスの世界でリスクという言葉を一般用語のように使っているが、実は漠然と捉えていることが多いのではないだろうか。

たとえ話から考えてみよう。あなたには小さな子供がいるとしよう。普通は、ライターやナイフが置かれたキッチンに子供を入れることはしない。なぜならば、子供が怪我をする可能性が大きいからである。しかし、ライターやナイフがカギのかかる収納棚に納められており、適切に管理されていれば、怪我をする可能性は極めてゼロに等しく、安心して子供をキッチンに入れることができるだろう。

リスクとは何か。このたとえ話の場合、怪我をする可能性のことであり、ライターやナイフではない。ライターやナイフはリスクではなく、ハザードである。ハザードとは危害を与える要因のことである。ハザードはそれ自体が危険なのではなく、いくつものハザード（たとえば、棚の前の椅子、棚の鍵、子供の好奇心など）が組み合わさったときにリスクとなる。よって、これら複数のハザードは、どれかひとつが欠けてもリスクにはならない。

それでは考えてみよう。すべてのハザードが同時に暴露する確率はどれだけあるだろうか。その確率と怪我の大きさがリスクの大きさになる。

繰り返すが、ハザードは適切に管理されているかぎり、リスクに至ることはない。リスクに過剰反応し、無難な選択肢をとることは時に何もしないに等しい。大きなチャンスを逃すことがないように心がけるべきである。

解説編

CASE STUDY

25-1 ────────── こんなときどうする？

> カフェの出店を計画しているAさん。知り合いの不動産屋さんが訪ねてきて、地域で再開発の計画が持ち上がっていることを教えてくれた。

ケース・スタディ編

ケース・スタディ

　Aさんが家族と今後のプランを検討している時、知り合いの不動産屋さんがAさんのもとを訪ねてきた。

不動産　Aさん、こんにちは。元気かい？
Aさん　あぁ、こんにちは。おかげさまで。ちょうど家族でプランを検討していたところなのです。
不動産　それはいい。あれこれ考えているときが一番たのしいからね。
Aさん　それで、今日はどうしました？　わざわざこちらにお越しになるなんてめずらしい。
不動産　いやいや、実は最近、Aさんがカフェの出店を検討している地域で再開発の話が持ち上がっていてね。地元の市議さんが「ああでもない、こうでもない」と騒がしいものだから。
Aさん　なにか具体的な動きでもあるのですか？
不動産　まぁ、噂にすぎないけど、どうやら大手の企業が大型商業施設を建設するらしいんだ。そうなったら、のどかな田園風景は壊れてしまうし、Aさんも困るんじゃないかと思ってね。
Aさん　本当の話ですか。
不動産　数年前にも同じようは話がもち上がったことはあるんだ。その時は市議たちが猛反対してね。一度は中止になったんだけど、今度ばかりはどうだか。
Aさん　それは困ったなぁ。商業施設の横でカフェを開業するつもりはないんだけどな。う〜ん。

こんな話があってから1週間が経過した。ある日、地元の新聞に目を通すと、地域の再開発については未だ検討段階であり、大型商業施設を建設する話はまったくのデタラメであることがわかった。Aさんはホッとした。あぶなく出店計画を白紙に戻すところだったからだ。結局、この一件で不動産屋さんやAさんをはじめ、多くの人たちが翻弄されてしまった。

設問

　はじめに、このケースと同じように、噂が噂を呼び、話が大きくなってしまった経験を思い出してください。次に、そうした問題に対してどのように対処したらよいのかを検討してください。

上記の設問に対する解答は次ページのケーススタディの振り返りを参考にして下さい。

解説

25-2
事象の集中による過剰反応

> 人は急に起きた出来事に弱いものである。バイアスに陥り誤った判断をしないためには、確かな情報を得るために猶予期間を設けること、一過性を見極めること、異なる解釈に目を向けることを心がけると良い。

ケース・スタディの振り返り

　人は、じわりじわりと進行する出来事よりも急に起きた出来事に弱いものである。目測を誤り、リスクを高く見積もり、過剰に反応しがちである。

　たとえば、2009年に世界的に流行した新型インフルエンザはその毒性以上の社会問題を引き起こした。マスクは売り切れになり、豚肉の消費が落ち込むなどの風評被害や国際問題に至ったことは記憶に新しい。

　また、2010年12月、NASAは宇宙生物学的発見に関する記者会見を行なうと発表した。これに対して、人々は地球外生命体に関する発表と誤認し、ネットではさまざまな憶測が広がった。しかし、現実はヒ素を摂取してDNAとタンパク質を作り出す細菌の発見であり、多くの予想とは反するものであった。

　ケースも同様である。Aさんは限られたコミュニケーション・チャネルしか持っておらず、かつ情報の真偽を確かめる術がないため、急に起きた再開発話に過剰反応しても不思議ではない。

問題の本質は何か

　問題の本質は、不確かな情報と人間の認知限界にある。人は一度に数多くのことを同時に処理できない。そのため、短期間にいろいろなことが発生し、情報の確からしさを確認できないとなると、冷静な判断ができなくなる。

リスク許容限界

優れたビジネス・リーダーになるために

　それでは、事象の集中による過剰反応を防ぐためにはどうしたらよいのか。ここでは3つの解決策を取り上げる。

　第1に、確かな情報を得ることである。そのためには、拙速に意思決定するのではなく、意図して猶予期間を設けることである。猶予期間は長く設けるほど、正確な情報を得る可能性が高まる半面、選択できる選択肢の幅が狭まるので注意が必要である。

　第2に、起きている出来事が一時的か、あるいは永続的かを見極めることである。一時的で一過性の出来事であれば、積極的に対応するのではなく、やり過ごすことも選択肢になる。

　第3に、意図して異なる解釈に目を向けてみることである。たとえば、先のNASAが記者会見を行なう旨の発表に対して、マスメディアの反応は一様ではなく、突拍子もない憶測もあれば、極めて冷静で事実に近いものまであった。

　猶予期間を設けて沈着冷静に状況判断すること。周囲で浮足立っている人たちからすれば、リーダーのこうした行動は理解されにくいことであろう。それでも目の前の出来事から自分の感情を引き離し、冷静に判断することである。それが優れたビジネス・リーダーになるために必要なことである。

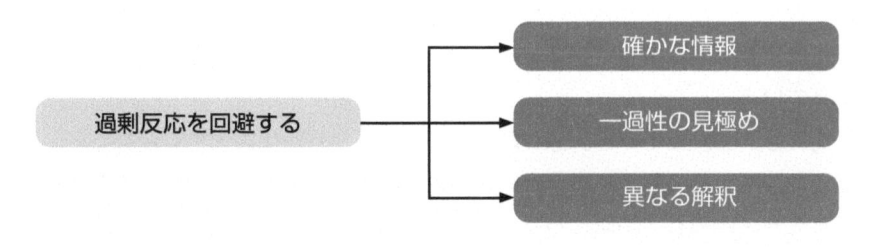

過剰反応を回避する → 確かな情報
　　　　　　　　　 → 一過性の見極め
　　　　　　　　　 → 異なる解釈

CASE STUDY

26-1 ── こんなときどうする？

> 産業構造そのものが変わりつつある自動車部品メーカーX社。社長は今こそ自社が変わるチャンスと捉え、社員の危機感を醸成しようとしているが、なかなか想いが伝わらない。

■ ケース・スタディ

　ここは、Aさんが勤務している中堅の自動車部品メーカーX社の社長室である。社長は恒例の社内向け年頭挨拶を終えて自室に戻ってきたところである。

　社長は、日頃から日本国内の部品メーカーが生き残ることの難しさを痛感している。競争環境が大きく変わっているからである。従来は国内の同業他社が競争相手であったが、自動車メーカーの工場自体が海外に移転される中、海外の部品メーカーが競争相手になっている。

　このままではじり貧状態であることを事あるごとに社員やマネジメント層には伝えているが、今ひとつ反応がない。それどころか、「トップにはビジョンがない」「この会社がどこに向かおうとしているのかが見えない」という声すら現場から上がってくる。当然のことながら、事業のグローバル化をにらんで社長はビジョンを示している。それにも関わらず、彼らは何か他人事のように捉えている。

　時代は人が創っている。想い願うものがあるから時代は大きく変わる。いつか誰かがやってくれるだろうと一人の人間が考え始めると、隣りの人間も同じことを考え始める。結果として、みんなが「いつか誰かがやってくれるだろう」と考え始め、依存的体質が社内に蔓延する。社長の悩みはここにある。

　化石燃料に頼った車づくりから電気へ、産業構造そのものを揺さぶりかねない今こそ、当社が大きく変わるチャンスのはずだが誰もそのことがわかっていない。社長の悩みは次第に不安に変わりつつある。

| 1章 | 2章 | 3章 | 4章 | **5章** | 6章 |

リスク許容限界

設問

　社長の危機感が社員に伝わらないのはなぜでしょうか。自社で似た事例を取り上げ、その原因を挙げてください。

解答例

　社長と社員の間のコミュニケーションのとり方、頻度、伝えている内容など、様々な原因が考えられます。

　次ページでは、特にコミュニケーションをとっている時に発生するバイアスについて取り上げます。

ケース・スタディ編

解説

26-2
正常性バイアス

> 優れたビジネス・リーダーの役割は何か。現状維持を正当化することで認知的不協和を解消しようとする人々に対して、危機感を醸成することが役割ではない。むしろビジョンを示し現状維持よりビジョンの実現に寄与するほうが数倍魅力的であることを示すことである。

ケース・スタディの振り返り

「危機だ、危機だ」と言われつつ、身をもって危機を感じることができなければ、本当の危機を感じられなくなる。これが正常性バイアスである。Aさんが勤めている企業でも正常性バイアスが社員に蔓延していると思われる。

イソップ物語の「羊飼いと狼」の話を思い出してみよう。羊飼いの「狼が来た」の声に村人たちは最初こそ驚くものの、何度も繰り返し聞いているうちに少年の言葉を信用しなくなる。結果として、狼が本当に来ても正しく脅威を把握できずに村人たちは狼に食べられてしまう。

脅威は会社を変えるチャンスである。ある企業のトップマネジメントが次のようなことを言っている。「規制緩和によっていくつもの企業が当社の市場に参入し、競争相手が増えた時期があった。あの時が当社を変えるチャンスだった。しかし、当社は規制の庇護のもと、長きにわたり、安定経営を続けてきたため、危機を危機として正しく把握する力が衰えてしまった。結果として、経営が低迷するに至った。今、私の最大の悩みは何か。それは、次に、当社を変えるチャンスが巡ってくるのはいつなのか、そこまで当社が持ちこたえられるのか、それがまったく見えないことにある」

問題の本質は何か

会社が変わるチャンスは決して多くはない。よって、日常的に危機感をあお

るような言動を繰り返せば、本当に会社がかわるチャンスが巡ってきたときにチャンスをキャッチアップできなくなる。自社を思い起こしてみよう。もし、多くの社員が正常性バイアスに陥っているとすれば、トップマネジメント層による年頭のあいさつや配布資料には危機感を醸成する言葉が満載のはずだ。

優れたビジネス・リーダーになるために

　認知的不協和というキーワードに注目してみよう。認知的不協和とは、２つの異なる命題があるために矛盾を解消できずに生じる不快な感情のことである。人間はこの認知的不協和の状態にある時に、矛盾を解消する行動に出る。その行動とは、無理やり折り合いをつけるか、一方の命題を消し去るかである。

　たとえば、あなたは車に乗っているとする。車は石油資源を消費し、二酸化炭素を排出する。よって、地球環境の保全と車による利便性が矛盾する命題となる。無理やり折り合いをつけるとすれば、石油資源を消費し、二酸化炭素を排出しているのは自分だけではないと自分の行動を正当化しはじめるだろう。あるいは、石油資源の枯渇という命題を消し去る行動に出るとすれば、未だ開発されていない石油資源があることを極大化し、石油資源は枯渇しないと言い始めるであろう。

　優れたビジネス・リーダーの役割は何か。現状維持を正当化することで認知的不協和を解消しようとする人々に対して、危機感を醸成することが役割ではない。むしろ、ビジョンを示し現状維持よりビジョンの実現に寄与するほうが数倍魅力的であることを示すことである。

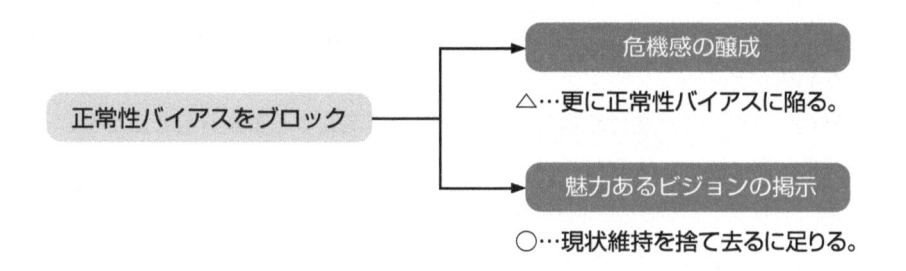

正常性バイアスをブロック
- 危機感の醸成　△…更に正常性バイアスに陥る。
- 魅力あるビジョンの掲示　○…現状維持を捨て去るに足りる。

CASE STUDY

27-1　こんなときどうする？

> 自動車部品メーカーX社では、社長室の室長が中心となって新規事業を企画したものの副社長の猛反対を受ける。

ケース・スタディ

　自動車部品メーカーX社では、社長室の室長が中心となって新規事業の企画を行なっていた。情報は部外秘であり、社長しか詳細を知らない。

　企画開始から半年、資料が完成したところで役員会議に上申することになった。事業内容は自動車関連ではなく、同社の精密加工技術を使った医療機器分野への進出だった。企画内容を聞いた役員は一様に驚きを隠せなかった。特に、自動車部品事業の責任者である副社長の猛反対を受けることになった。

　以下は、そのときの会議風景である。

室長　以上を持ちまして新規事業のご説明を終わります。
社長　皆さんには何も相談せずに企画を進めていて申し訳なかった。当社はこのままではじり貧状態であり、皆さんの意見を踏まえて企画内容をブラッシュアップしたいと思っている。副社長、どうだろうか。
副社長　社長、驚きましたよ。こんな重要なこと、私になぜ相談してくれなかったのですか。
社長　本当に申し訳ない。副社長には本業の自動車関連に集中してもらいたかったものだから。
副社長　事業の多角化は結構ですが、自動車に関連する事業分野ではなく、医療機器分野とは…。あまりにリスクが大きすぎる。
室長　副社長。当社のコアコンピタンスは自動車関連で培われた精密加工技術です。将来に通用する希少性の高いレベルにあります。これを活かすことができれば、リスクはそんなに大きなものではありません。
副社長　そうじゃない。そもそも自動車の国内市場が縮小する中、当社も海外

リスク許容限界

進出しなければやっていけない。そのためにどれだけの設備投資が必要か、君はわかっているのかね。
室長　もちろん、わかっています。
副社長　だったら、新規事業を立ち上げるような余力がないことくらいわかるだろう。今ですら、多大な有利子負債を抱えて金利の支払いで大変なのに、こんなことやっていたら本業が足元からすくわれるぞ。
室長　………。

このようなやりとりが続き、会議は時間切れになってしまった。

設問

副社長が猛反対した理由は何でしょうか。設備投資だけの問題でしょうか。ついては、人間心理の観点からその他の理由を考えてください。

解答例

人は自分の知らないところで話が進んでいると嫌な気持ちになるものです。次ページでは「リスク評価者の不公平性」と題して解説を加えることとしましょう。

解説

27-2
リスク評価者の不公平性

> 政治力という言葉はあまり良い響きではないが、会社の中のポジションが上がるに従って、リーダーシップの発揮に際して必要な力は政治力であるという現実を認識しなければならない。

● ケース・スタディの振り返り

人は自分が知らないところで議論された内容に対して懐疑的になりやすい。それが新規事業の企画となれば、なおさらのことである。リスク評価者の不公平性とは、とくに、事業リスクを評価する場面に自分が関与していないために、評価内容や評価者に対して不公平性を感じるという人間心理のことである。ケースに登場した副社長は社長室の室長にたいして、このリスク評価者の不公平性を感じていたのである。

● 問題の本質は何か

本ケースにおける問題の本質は2つある。第1に、事業リスクを評価した社長室の室長が新規事業企画を審議する者（本ケースでは役員たち）の信任を得ていなかったことにある。第2に、社内でパワーを持った副社長が本業で稼ぎ頭の自動車部品事業の責任者であり、抵抗勢力になりやすいということである。

● 優れたビジネス・リーダーになるために

第1の問題の本質に対する唯一の解決策は、信任を受けたリスク評価者を用意することである。ただし、企画する者が事業リスクを評価すれば、偏った結果になることは否定できない。ついては、独立した専門家、中立的な立場の

人たちによる評価が好ましい。

　第2の問題の本質に対する解決策は、良い意味での政治力の発揮に尽きる。何か新しいことをやろうとする時、抵抗勢力はつきものである。この抵抗に対抗しなければ変革を成し遂げることはできない。それでは誰が抵抗勢力になるのか。多くの場合、新事業の対極にある事業の責任者である。その対極にある事業が当社の主力事業であり、その事業があったおかげで今日がある場合、なおさらのこと、抵抗勢力になりやすい。この点については次項の「無利益のリスク」で解説を加える。

　さて、政治力の発揮の仕方は2つある。第1に、意思決定に影響を与える者の権限を絞り込み、抵抗勢力を封じこむことである。そもそも日本企業では合議によって意思決定することが尊重され、責任を分散する傾向が強い。そのため、決めたのは誰なのか、失敗した時に誰が責任を取るのかが曖昧になりやすい。会議では言いたいことを言うばかりであり、議論は拡散し、収束しなくなる。これに対して、意思決定に影響を与える権限を絞り込むことによって、必要以上の圧力が加わるのを回避できる。

　第2に、ロビー活動を通じて自分の考えに賛同してくれる人たちを見つけて、集団で抵抗勢力に対抗することである。この時のキーワードが全体最適と互酬性である。つまり、自分たちの企画内容が部分ではなく全体最適であること、そして、協力することが彼らにもメリットがあることを訴求することである。

　政治力という言葉はあまり良い響きではないが、会社の中のポジションが上がるに従って、リーダーシップの発揮に際して必要な力は政治力であるという現実を認識しなければならない。

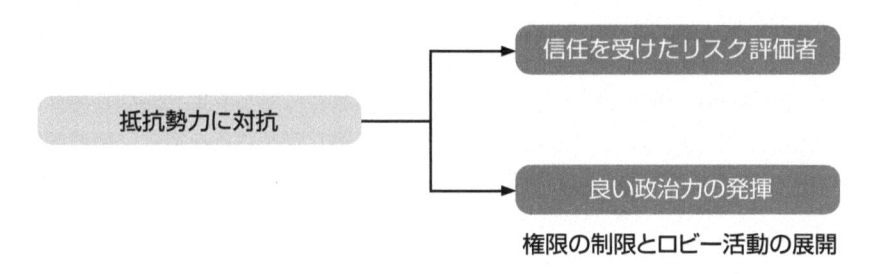

抵抗勢力に対抗 → 信任を受けたリスク評価者

抵抗勢力に対抗 → 良い政治力の発揮

権限の制限とロビー活動の展開

解説

27-3
無利益のリスク

> 会社全体の事業ポートフォリオがどのように変化するのかを長期的展望から考察すべきである。リスクを分散し、安定した事業基盤を確保するためには、10年、20年後を見据えた事業投資が必要である。

● ケース・スタディの振り返り

　自分には利益がないかわりに損害が予想される場合、その可能性を高く見積もることがある。こうした認識の歪みを無利益のリスクと言う。

　たとえば、自宅の近くに高速道路のインターチェンジができるとする。車を運転しない人にとって、インターチェンジができても利益はない。それどころか、車の往来が激しくなり、騒音に悩まされたり、車との事故の可能性が高くなるため、環境アセスメントの結果以上にリスクを大きく見積もってしまう。

　あらためてケースについて考えてみよう。反対している副社長は自動車部品事業の責任者である。一方、検討している新規事業は自動車と異なる医療機器分野である。つまり、新規事業の立ち上げが副社長になにかの利益をもたらすわけではない。それどころか、海外進出に必要な設備投資を減額されるかもしれないリスクを含む。まさに無利益のリスクである。

● 問題の本質

　本ケースのように、自分にとって利益がない案件に対して批判的な立場をとる人が出る背景には、全体最適ではなく部分最適で考えざるを得ない事業部制の弊害が影響していると思われる。

リスク許容限界

優れたビジネス・リーダーになるために

　そもそも事業部制による事業運営は独立採算を基本とし、全体最適ではなく部分最適を助長するものである。しかし、2009年に起きたリーマン・ショックを思い出してみよう。リーマン・ショックに端を発した世界同時不況は、企業のポートフォリオ・マネジメントの脆弱さを露呈させた。老化によってすり減り、クッションが効かなくなった膝のように、外部環境の衝撃をストレートに受け止めなければならなかった企業は数多い。複数の事業を運営しつつも、その多くは利益を生み出さず、特定の事業の収益に依存する体質から脱却できずにいたからである。

　儲かっている事業部門は、自分たちが得た利益が他の事業部門に投資を含めて配分されてしまうことに良い感情は持てないだろう。しかし、それはそこで仕事をする人たちの視野の狭さから来るものである。

　視野が狭い人たちは、会社全体の事業ポートフォリオがどのように変化するのかを長期的展望から考察してみるとよい。現在の収益の柱になっている事業部門が10年、20年後にはどのような状態になっているだろうか。事業には盛衰があるものだ。リスクを分散し、安定した事業基盤を確立するためには、10年、20年後を見据えた事業投資が必要である。

　視野が狭い人たちは、自分の視野を広げる努力を怠らないことである。過去の成果によって評価処遇される日本企業では、業績を上げることに関心が高く、育成的な意図をもった横断的なキャリアパスは倦厭される傾向が強い。しかし、よく考えてみよう。事業部門の長に求められるのは特定分野のスペシャリティではない。経営のプロフェッショナルである。そもそも単線型キャリアを歩んできて自事業部門しか知らない人が全体最適を目指すのは難しいことである。よって、責任ある立場に立つ前に、率先して他の部門を知る機会を得ることが望ましい。

解説編

CASE STUDY

28-1 ── こんなときどうする？

> 意気消沈してデスクに帰ってきた社長室長。そんな室長に社長は「清水に魚棲まず」という。その真意は一体何だろうか。

■ ケース・スタディ

　自動車部品メーカーX社の社長室長は、意気消沈して会議室からデスクに戻ってきた。「今注目されている新素材と当社の精密加工技術があれば、医療機器分野で新たなマーケットを切り拓くことができるのに、どうしてそれがわからないのだろうか」「もし、他社がこの分野に目をつけて先んじて事業化したら、どうするつもりなんだろうか」と不満ばかりが出てくる。

　既存の自動車関連の部品市場は価格競争が激化し、血みどろの戦いになっている。企画担当者からすれば、価格競争に巻き込まれずに済む新規市場を探索したいと考えるものである。そんな時、競合他社が見過ごしてきた新市場、つまりブルーオーシャンが存在することがわかれば、企画担当者としても企画に力が入るものだ。

　ふと気づくと、社長が横に立っていた。意外にも笑顔で室長に話しかけてきた。

社長　いやぁ、ご苦労さん。ご苦労さん。たいへんだったね。あの副社長を説得するのは難しいからね。彼も歳をとってだいぶ石頭になったな。
室長　はぁ、抵抗に会うのは想定していましたが、あそこまでご立腹とは。私の根回しが下手で社長にご迷惑をおかけしました。
社長　まぁ、そんなことはたいしたことではない。それよりも、あの新規事業はうまくいくかね。
室長　もちろんです。そうでなければお勧めしません。現在、休止しているラインを使えば、設備投資金額を抑えることができますし。
社長　そうかね。それなら副社長の説得は私に任せてもらおう。しかし、「清

水に魚棲まず」ということわざがあるぞ。私流に解釈すると、そんなにうまみのあるブルーオーシャンなどないものだ、という意味だな。
室長 はぁ。

設問

そんなにうまみのあるブルーオーシャン（他社が見過ごしてきた新市場）はないといっている根拠は何でしょうか。

解答例

端的に考えると、うまみのあるブルーオーシャンがあるとすれば、競争相手がすでに参入していて不思議ではないからです。

解説

28-2
希少性の原理

> 希少であることに騙されてはいけない。そもそも競合他社も見過ごすようなブルーオーシャンが存在するだろうか。もしあるとしても、なんらかの瑕疵があることを一度は疑ったほうがよい。

● ケース・スタディの振り返り

　人は希少なものをみると価値のあるものと見紛うことがある。こうした認識の歪みが希少性の原理である。たとえば、化粧品の無料サンプルに飛びつき、先着 20 名かぎりの大特売に群がり、限定 10 食のお勧めメニューに目がくらむなど、日常生活の中でも見かける光景である。

　あらためてケースを振り返ってみよう。主力の自動車関連の部品市場は血みどろの戦いである。そうした中、価格競争に巻き込まれずに済むブルーオーシャン（新規市場）を見つけたとすれば、他社より先んじて実現したくなる。ところが、そこに「清水に魚棲まず」の言葉である。水を差すような言葉だが、担当者のはやる気持ちを押さえ、現実を直視させる適切な言葉にも聞こえる。あなたは、新市場創造に躍起になるあまり、希少性の原理に陥っていないだろうか。

　そもそもブルーオーシャンは本当に存在するのか。ややもすると、そのオーシャンは魚が棲むオーシャンではなく、魚も棲まないオーシャンではないのか。だから他社も見過ごしてきたのではないのか。

● 問題の本質

　人はなぜ希少性の原理に陥るのか。新市場創造のプレッシャーと泥沼化した価格競争からの反動、希少なものを見つけたときの興奮と自己効力感、そして希少なものに対する所有欲など、冷静な分析と判断を抑制する要因は多々ある。

リスク許容限界

優れたビジネス・リーダーになるために

　ブルーオーシャンが魚の棲むブルーオーシャンであることを確認するためには、市場の成長性と競争相手を見極めなければならない。また、その海に釣り糸を垂れるためには、自社にその技術があることを確認しなければならない。こうしたことを分析するツールがBMO法（Bruce Merrifield Ohe）である。

　より具体的には、市場規模や成長性といった市場の魅力度を評価する指標6項目と、資金力やマーケティング力といった適社度を評価する指標6項目を使ってスコアを算出し、事業参入の是非を判断するものである。事業機会を探索している段階の分析ツールとして役に立つ。

　スコアの最高得点は計12項目120点である。市場の魅力度と適社度の合計80点以上で参入、70点から80点の間で条件付参入、70点未満は参入しないというのが基本線となる。なお、BMO法は適社度よりも市場の魅力度を重視しており、適社度の評価ポイントが高くても市場の魅力度が35点未満であれば、やはり参入しない。

　大切なことは、事業機会の構想は独自の主観的世界観に基づき、大きく構想し、意思決定においては合理的に判断することである。そのためには、BMO法が示す評価項目および点数はひとつの判断基準であり、より自社に合った評価項目を追加することが望ましい。

市場の魅力度	事業の適社度
売上・利益の可能性（10）	資金力（10）
市場の成長性（10）	マーケティング力（10）
競争力（10）	製造力（10）
リスクの分散（10）	技術力（10）
業界再構築の可能性（10）	原材料の獲得（10）
特別な社会的優遇状況（10）	外部を含めた支援（10）

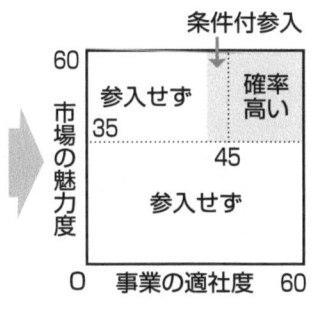

解説編

6

不確実性の考慮

CASE STUDY

ケース・スタディ編

29-1 ──────── こんなときどうする？

> 半導体の関連機器メーカーのX社。現地からの報告に反して、海外事業の業績が芳しくない。このままでは国内事業の足を引っ張りかねないが、社長は撤退を決意できずにいる。

ケース・スタディ

　半導体の関連機器メーカーのX社。同社では3年前に多大な設備投資によって立ち上げた海外事業がどうも芳しくない。計画では3年で単年度黒字が見込めるはずだったが、一向に業績が上向かない。

　海外事業部門の部門長からは毎月、報告書が上がってくるが、業績が低迷しているのは市況によるものであり、自社の問題ではないとしている。また、実績には結びついていないものの商談における顧客の評価は高く、大口顧客を獲得できる見込みであること、自社の製品が現地の新聞などに取り上げられており、認知度は向上していることなどが書かれている。

　報告書を見て、X社の社長は、「もう少し待ってみよう」「市況が良くなれば、かならず売れるはず」「我が社の技術力は他社に負けないものがある」と自分に言い聞かせる毎日である。

　そんな社長に対して、周囲の役員や経営企画部の担当者は気が気ではない。このまま赤字が続けば比較的好調な国内事業の足を引っ張りかねないからだ。そろそろ撤退を決断すべきというのが大勢の考えである。

設問

　ビジネスやプライベートにおいて、芳しくない状況でありながら、止めるに止められず、「もう少し待ってみよう」「もう少しやってみよう」と自分を言い聞かせた経験があるでしょうか。もしあるとすれば、それはどのような人間心理に基づくものでしょうか。考えられる原因を幅広く挙げてみてください。

6章 不確実性の考慮

ケース・スタディ編

解答例

　芳しくない状況でありながら、やめるにやめられない経験の例として、パチンコや競馬といったギャンブル、何度も修理して購入金以上に修理費用がかさんだ電気製品、上達しないのに通い続ける英語塾やゴルフなどが挙げられます。
　一方、ここで陥ってる人間心理としては、リターンに対する幻想、根拠のない自信、そして次ページで解説する損失回避の罠が考えられます。

解説

29-2
損失回避の罠

> 意思決定とは未来に向けて行なう行為であり、過去を紐解き始めると意思決定を誤ることがある。よって、サンクコストに躊躇することなく、早く意思決定することが肝要である。

ケース・スタディの振り返り

　サンクコスト（回収できない費用）という言葉がある。人は損失回避傾向があるため、回収できない費用が出るのは嫌なものである。そのため、今まで投資した金額が気になり、撤退を決意できずに更に損失を拡大させてしまう。こうした認識の歪みを損失回避の罠という。

　ケースを振り返ってみよう。A社では海外事業の立ち上げに際して、多大な設備投資をしている。これがサンクコストになることを社長は嫌ったのだろう。

問題の本質

　こうした問題に共通するのは、過去の投資額と未来の不確実性である。過去に投資した金額が大きいほど、人は損失回避の罠に陥るものである。また、未来が不確実であるから意思決定を躊躇する。もし、確実な未来があるとすれば、早く損失を確定して、より多くの利益が得られる他の案件に切り替えることだろう。

優れたリーダーになるために

　意思決定とは未来に向けて行う行為であり、過去を紐解き始めると意思決定を誤ることがある。損失回避の罠に陥らないためには、このことを真に理解しなければならない。仮に、意思決定を誤ったとしても過去を変えることはでき

不確実性の考慮

ない。しかし、未来を作り変えることはできる。時代は人がつくっているからである。よって、サンクコストに躊躇することなく、早く意思決定することが肝要である。まわりの環境に流されて意思決定を先延ばしするほど、可能性の幅は狭くなることを心しておいたほうがよい。

　もし、あらかじめサンクコストを小さくする方法を考えるのであれば、リアル・オプションが役に立つ。たとえば、マンションなどの不動産を取得するときに手付金を払うことが一般的である。これによって、物件が他者の手に渡ることを防ぐとともに、もっと良い物件が後から見つかった場合のサンクコストを最小限にとどめることが可能になるからだ。なお、リアル・オプションについては後で解説する。

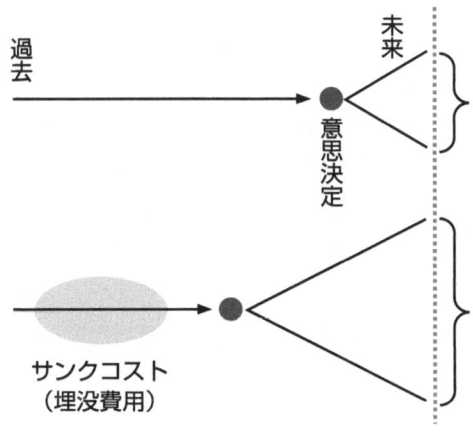

時間が有限な中では、意思決定を先延ばしするほど、可能性の幅は狭くなる。

時間が有限な中では、サンクコストに躊躇することなく、早く意思決定する。これにより可能性の幅が広くなる。

解説

29-3
自信過剰の罠

> 過去の成功体験や知見に自信を持っている人ほど、認識できる以上のリスクを抱え込んでしまうものである。

● ケース・スタディの振り返り

　週末の子供の運動会。お父さんは子供にいい顔を見せようとして、年がいもなく、父兄参加の短距離走に出た。頭は 10 メートル前を走っているのだが、足が 10 メートル後ろを走っており、案の定、足がもつれて転んでしまった。そして、「昔はこんなことはなかったのに…」と昔を懐かしむ。

　過去に成功体験を積み重ね、自分の知見に自信を持っている人ほど、認識できる以上のリスクを抱え込んでしまう。これが自信過剰の罠である。

　先のケースを振り返ってみよう。社長は「市況が良くなれば、かならず売れるはず」「我が社の技術力は他社に負けないものがある」と言っている。もし、この言葉が過去の成功体験に基づくものであるならば、社長自身が自信過剰の罠に陥っている可能性がある。

● 問題の本質

　自信過剰の罠に陥る問題の本質は、過去の成功体験と知見にある。これが誤った意思決定に人を向かわせる。そしてもうひとつは周囲にも問題はある。周囲が悪いことにフタをして、良いことばかりを吹聴すれば、それを聞いた相手は自信過剰の罠に陥る。後者については表現の罠として次項で解説する。

● 優れたリーダーになるために

　過去の成功体験と知見を全否定するつもりはない。なぜならば、そうした内

なるエネルギーが新たなビジネスを開拓するドライブになるからだ。しかし、過剰なリスクを抱え込んで徒労に終わるようなことは避けるべきである。特に、近年、組織能力の低下が問題になっている。専門性を向上するために組織や業務を細分化し、自己完結型の業務特性になっているからだ。また、多忙とIT技術の進展により、人に対する関心が薄れ、互いに助け合うことをしないために、できる人とそうではない人の間で能力の格差が広がっている。そうした中、自分と同じようにメンバーが行動できるとは限らないのである。

　それでは、優れたメンバーで構成された組織の場合はどうか。特に凝集性は高いものの、自由な意見を言えない閉鎖的な環境にある場合、リスクを顧みない安易な決定を下しやすいことがわかっている。これはグループ・シンク（集団浅慮）と呼ばれるものである。以下、グループ・シンクの具体例と心構えをまとめておこう。

集団圧力・浅慮	心構え
多数派の意見に少数派が同調する	少数派に耳を傾け、冷静に判断する。
同じ意見を持った者同士は発想が過激になる	利害関係のない第三者の意見を聞く。
集団の人数が増えるほど、次第に手を抜き始める	人数を絞り、個々の役割を明らかにする。
残り時間が少なくなると軌道修正しなくなる	あらかじめバッファを設けておく。案はひとつではなく複数つくらせる。
凝集性が高い集団ほど、外に対して攻撃的になる	守るべき規範やルールを徹底する。

解説

29-4
表現の罠

> 新たなビジネス案件を構想し、実行する者の役割は何か。答えは明白であり、成功のみである。巧みな表現で企画を通すことではない。

● ケース・スタディの振り返り

　有名なたとえ話から考えてみよう。
　荒れ狂う海で3隻の貨物船が沈没した。貨物船には金塊が積まれている。貨物の救出を依頼されたサルベージ船の船長は船主であるあなたに選択を迫っている。次の嵐が来るため、今すぐにプランAかプランBのどちらかを選択しなければならない。さて、あなたはどちらを選択するだろうか。
　A　3隻のうち、1隻だけを救出する。
　B　3隻すべて救出する。ただし、3隻すべてを救出できる確率は3分の1である。よって、3分の2の確率で3隻すべてが助からないことになる。

　選択できただろうか。それでは、もし、次のような言い方をしたら選択は変わるだろうか。
　A　3隻のうち、2隻を完全に見捨てる。
　B　3席すべての救出を試みる。ただし、3隻すべてを救出できる可能性は3分の1である。

　それでは解説を加えよう。一般に、最初の設問ではAを選択し、後の設問ではBを選択する人が多い。最初の設問と後の設問はどちらも同じことを言っているのだが、表現の仕方が異なる。表現が異なるだけで意思決定が変わってしまう良い例である。
　ここであらためてケースを振り返ってみよう。海外事業部門の部門長は毎月

の報告書で都合の良いことばかりを書いている。海外事業の収益から鑑みると、事実を客観的に照らした内容とは異なり、偏りがあると思われる。これでは社長が「もう少し、待ってみよう」と思うのも無理はない。

問題の本質

あなたの会社では、ビジネス案件を通したいために案件内容の素晴らしさではなく、表現の素晴らしさで言い繕うような資料を見たことがないだろうか。または、ネガティブな表現はなるべく避けて、ポジティブな表現にしたり、やることのメリットとやらないことのデメリットを前面に出すような資料を見たことがないだろうか。こうしたやり方をしても事業の成功確率が上がるわけではないのに、企画を通すことに全エネルギーを注ぐ人がいる。

もし万が一、あなた自身が巧みな表現で企画書を作っているとするならば、自分の使命をもう一度捉え直してほしい。

優れたリーダーになるために

新たなビジネス案件を構想し、実行する者の使命は何か。答えは明白であり、成功のみである。巧みな表現で企画を通すことではない。過去において、医療事故を契機にインフォームド・コンセントが注目された。医療機関は情報を正しく患者に開示し、理解と納得の上で合意形成する考え方である。このインフォームド・コンセントの考え方はビジネスの世界においても同様である。結果に対する説明責任を求める以前に、ビジネスをはじめる段階においてもステイクホルダーに対して説明責任をきちんと果たすことからはじめなければならない。

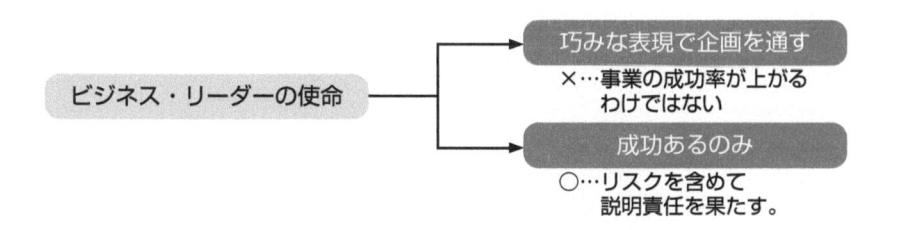

```
                          ┌─→  巧みな表現で企画を通す
ビジネス・リーダーの使命 ──┤      ×…事業の成功率が上がる
                          │          わけではない
                          └─→  成功あるのみ
                                  ○…リスクを含めて
                                      説明責任を果たす。
```

CASE STUDY

30-1 ──────── こんなときどうする?

> ケースを通してリスク・マネジメントの概念を理解しよう。

設問

以下の文章を読んで、事故を起こした原因を幅広くあげるとともに、その因果関係を明確にしてください。

　20年前のあの夜はとにかく寒かったのを覚えています。ノーマルタイヤで走っていたのですが、車のスピードを出しすぎました。
　左に曲がるところでスリップして路肩に乗り上げて車が横転したのです。路面が凍結していたし、下り坂だったのもまずかったです。もうすこしでコンビニに突っ込むところでした。
　気がつくと車が逆さになっていて、屋根がつぶれていました。アンルイスの六本木心中の歌がカーステレオのスピーカーから流れていたことを覚えています。
　え？　そのときの車はどうしたかって？　即廃車ですよ。おまけに腰が痛かったので病院に行ったら骨折でした。入院費用や廃車費用など、損害は大きいです。今でも腰痛に悩まされています。

6章 不確実性の考慮

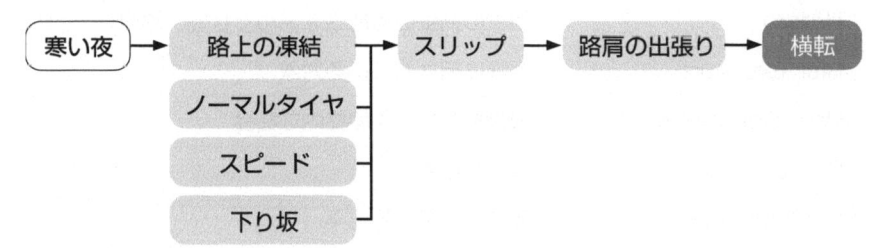

ケース・スタディ編

解答例

寒い夜 → 路上の凍結 → スリップ → 路肩の出張り → 横転
　　　　　ノーマルタイヤ
　　　　　スピード
　　　　　下り坂

解説

30-2
リスク・マネジメント

> リスク・マネジメントは、リスクの大きさを評価し、リターンを最大化するためにリスクを統制する一連のプロセスのことである。

リスク・マネジメントとは何か

リスク・マネジメントとは、リスクの大きさを評価し(アセスメント)、リターンを最大化するためにリスクを統制する(コントロール)一連のプロセスのことである。不確実性を考慮し、ビジネス案件の成功確率を高めるためには欠かせない概念である。

リスクとはリターンの振れ幅のことである。前章までは、この定義で解説してきた。しかし、これから解説するリスク・マネジメントを理解するためには、より平易に「損害をもたらす可能性(発生確率)と大きさ(影響の大きさ)」と理解したほうが分かりやすいだろう。

リスク・マネジメント用語の解説

リスク・マネジメントの世界では、さまざまな用語が登場するので、ここで解説を加えておこう。

用語	解説
Hazard	損害の発生の可能性を高める状態、原因
Risk Exposure	危険に晒されている対象
Peril/Opportunities	損害をもたらす直接的な機会
Outcome	直接的結果
Consequence	間接的・長期的結果

次に、さきほどのケースの内容を各用語に当てはめて整理すると以下の表のとおりとなる。

用語	解説
Hazard	寒い夜、ノーマルタイヤ、スピード、路肩の出っ張り、路面の凍結、下り坂、スリップ
Risk Exposure	搭乗者、コンビニ、車
Peril/Opportunities	横転
Outcome	骨折、車の廃車、入院費用の負担
Consequence	腰痛

リスク・アセスメント

　リスク・アセスメントとは、損害をもたらす可能性と大きさを評価することである。つまり、ハイリスクとは、発生確率と影響の大きさが共に大きいことであり、ローリスクとはその逆を意味する。

　より具体的に損害をもたらす可能性は、ハザードがペリルに結びつく可能性の高さで評価できる。通常、ハザードは、それ単体でペリルに結びつくことはない。たとえば、凍結した道路があっても、ノーマルタイヤをはいた車の往来がなければ事故は起こらない。よって、損害をもたらす可能性は、①ハザードの中身と、②それらが結びついて暴露する確率をもって評価できる。

　一方、影響の大きさは、ペリル（横転）に起因する Outcome と Consequence の内容で評価できる。影響の大きさは入院費用のように金額で算出できるものがあれば、腰痛のように算出しにくいものもある。

リスク・コントロール

　リスク・コントロールとは、多くの場合、ハザードを適切に管理することを意味する。詳細は次項で解説する。

解説

30-3
リスク・コントロール

> リスク・コントロールの目的は、リスクを軽減することであり、リスクをゼロにすることではない。一方、リスクを軽減する方法には、監視、回避、除去、転嫁、無転嫁がある。

● リスク・コントロールの目的

　リスク・コントロールとは、多くの場合、ハザードを適切に管理することである。それでは、ハザードは適切に管理することができれば、暴露することはないと言えるだろうか。答えはノーである。なぜならば、ハザードの中には管理できるものがあれば、管理できないものもあるからである。たとえば、外部環境の大部分は管理できない。先の例でいえば、寒い夜である。ビジネスの例で言えば、市場環境、購買心理などである。つまり、リスク・コントロールの目的は、リスクを軽減することであり、リスクをゼロにすることではない。

● リスクをコントロールする方法

　リスクをコントロールする方法には、監視、回避、除去、転嫁、無転嫁がある。個々の意味は以下のとおりである。

用語	解説
監視	リスクが小さい場合は監視にとどめる。
回避	監視では済まない場合にリスクの発生を回避する。
除去	ハザードに手を打つことでリスクを除去する。
転嫁	リスクに対する対応を他に依頼する。
無転嫁	自分で損害を被る。場合によっては撤退する。

先のケースに当てはめて意味合いを解説しよう。

　寒い冬の夜のことだった。ライトに映し出された路面は凍結しているのだろうか。ギラギラと光を反射している。彼はスピードを出しているが、しばらく様子を注意深く見守ることにした（監視）。路面の凍結は部分的なものではなく、しばらく続きそうだ。そこで、管理可能なハザードであるスピードを落として事故が起きるリスクを（回避）することにした。道は左に曲がり、下り坂である。スピードを落とすくらいではリスクを回避できそうにない。そこで、彼は坂の上で車を降りてあたりを見回した。するとスリップ防止用の砂袋があることに気づいた。彼は砂袋から砂を出して坂道に撒いた（除去）。これでしばらく安心である。ところが坂道を半分ほど下りたところで車がスリップしはじめた。このまま乗車しているのは危険と考えた彼はふたたび車を降りて、四輪駆動車を持っている友人に電話で助けを求めた（転嫁）。ところが、友人は忙しいのか、電話に出ない。困った彼は来た道を引き返すことにした（無転嫁）。

リスクの大きさに応じたコントロールの方法

　コントロールの方法をリスクの大きさに応じて分類すると以下のように整理できる。図をみてわかるように、発生確率と影響の大きさが共に小さい場合は監視にとどめる。一方、監視ではとどまらない大きなリスクに対しては回避を第一原則とする。ただし、発生確率が小さく影響が大きいリスクについては転嫁を第一原則とする。なぜならば、こうしたリスクはあらかじめ予見することが難しく、対応が困難だからである。たとえば天災を見越した保険への加入が良い例である。

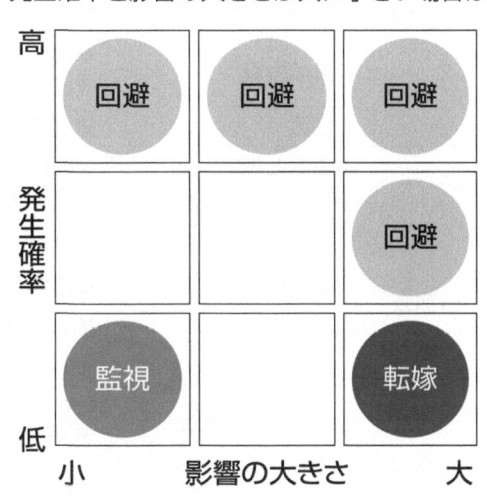

解説

30-4
リスク・コントロールの実務

> ビジネス案件の構想を練り、収益シミュレーションを行ない、仮にリスクが許容限界を超える場合の対応方法を列挙しておく。

◆ リスク・コントロールの実務

本項では、ビジネスにおけるリスク・コントロールの実務として、回避、除去、転嫁、無転嫁の各段階における対応方法を列挙しておく。

◆ 対応表

	対応策	解説
回避	ターゲット変更	対象とする市場、競争相手、重点顧客の変更。
	代替案の選択	同様の効果が得られる戦略オプションの選択。
	分散投資	被害を最小限にすることを目的に投資対象を分散。
	制限	撤退基準の設定。権限の制限。
除去	選択と集中	資源の集中投下によって他社を除去。
	シェアの拡大	シェアの拡大によって他社を除去。
	強みの強化	自社のコアコンピタンスを更に強化。
	弱みの補完	垂直統合や水平分業によって弱みを補完。
	政治力	権力者を味方につけて他社に対抗。
	敵対的PR	敵対的なPRで他社の評価を低下。
	チェーンの分断	他社の供給業者を自社に巻き込みバリューチェーンを分断。

不確実性の考慮

転嫁	価格転嫁	リスクに相当する金額を価格に上乗せ。
	保険	保険会社を使ってリスクを転嫁。
	証券化	リスクを証券化し、被害を最小化。
	分担	提携に際して、リスク分担を契約条項化。
	分業	水平分業によってリスクを転嫁。
	補填	提携に際して、損失発生時の補填を契約条項化。
無転嫁	受け入れ	リスクを自ら負担。
	放棄	事業の売却、撤退。
	相殺	他の利益で相殺。
	中断	放棄ではなく、一時中断。

本表の使い方

　ビジネス案件の構想を練り、収益シミュレーションを行ない、仮にリスクが許容限界を超える場合に、本表を使ってリスクを軽減する方法を検討する。

解説

31-1
リアル・オプション・アプローチとは

> 不確実性が高い状況では、幅広い選択肢を持ち、状況に応じて柔軟に意思決定を切り替えることが重要である。

● リアル・オプション・アプローチとは

　リアル・オプション・アプローチは、不確実性が高い状況において、ビジネス案件の意志決定に柔軟性を持たせる方法論である。確実性が高い状況では、画一的で長期的なビジネス構想がひとつあれば十分である。しかし、不確実性が高い状況では、幅広い選択肢を持ち、状況に応じて柔軟に意思決定を切り替えることが重要となる。

● オプション取引の基本概念

　そもそもオプション取引とは、金融派生商品（デリバティブ）の一種であり、ある資産を、ある決められた期日に、前もって決めた値段で売買する権利、つまり選択権のことである。買う権利をコール・オプション、売る権利をプット・オプションと言う。なお、オプションの取引に際して、オプションの買い手は売り手に対して契約成立時に手数料を支払う。この手数料のことをオプション・プレミアム（以降、オプション価値と言う）と言う。簡単な例からオプション取引（コール・オプション）について理解を深めよう。
　Aさんは現在100万円（原資産価格と言う）のX社の株が欲しいと思っている。半年後には120万円以上になると見越しているからだ。しかし、今は資金が足りないのでオプション取引（買う権利）を使って、この株を半年後に120万円（権利行使価格と言う）で買う権利を購入した。手数料（オプション価値）は1万円である。半年後、X社の株は見事150万円になったので、約束どおり120万円支払ってX社の株を手に入れた。もちろん、すぐに

150万円でX社の株を第三者に売り、Aさんは差し引き29万円の利益を手にした（29 = 150 − 120 − 1）。

　オプション取引は買う側にとって権利であり、義務ではない。つまり、もし、半年後に120万円を下回るようであれば、買う権利を放棄すればよい。その場合、先の例は次のようになる。

　Aさんは現在100万円（原資産価格）のX社の株が欲しいと思っている。半年後には120万円以上になると見越しているからだ。しかし、今は資金が足りないのでオプション取引（買う権利）を使って、この株を半年後に120万円（権利行使価格）で買う権利を購入した。手数料（オプション価値）は1万円である。ところが半年後、X社の株は暴落して110万円になったので買う権利を放棄した。Aさんは、この取引で手数料1万円の損で済んだ。

● リアル・オプションの種類

　リアル・オプションにはさまざまな種類がある。ここでは代表的なものを列挙しておこう。

オプション名	解説
延期オプション	即時に投資するのではなく、将来の不確実性が低下するのを待ってから投資する。
拡大オプション	将来、本格的に投資する権利を購入し、事業環境が良くなったときに追加投資する。
縮小オプション	事業環境が悪化した場合には、事業規模を縮小することでキャッシュフローの悪化を抑制する。
撤退オプション	事業環境が悪化した場合には、有利に事業を撤退することでキャッシュフローの悪化を防止する。
段階オプション	段階的に投資し、事業環境が悪化した場合にはプロジェクトを放棄する。
転用オプション	事業環境の変化に応じて他に転用できるようにすることでキャッシュフローの増加を期待する。
キャンセル・オプション	受注後に事業環境が悪化した場合、受注をキャンセルすることでキャッシュフローの悪化を防ぐ。

（山本大輔著「入門リアル・オプション」（東洋経済新聞社）の分類をもとに筆者が加筆修正）

解説

31-2
正味現在価値法の限界と補完

> 正味現在価値法は、将来キャッシュ・フローを単一のケースで考えている点に限界がある。また、今後の外部環境の見方に恣意が働きやすく、このアプローチをもって将来の不確実性に考慮できたとは言い難い。

● 本項の位置づけ

本項では、正味現在価値法の限界を理解するとともに、限界を克服するためにリアル・オプション・アプローチが役立つことを解説する。

● ケース・スタディ

ここにあるビジネス案件がある。案件の初期投資金額は105億円である。1期間後（＝1年後）の上昇シナリオにおける収益は120億円、一方、下降シナリオにおける収益は80億円である。上昇シナリオと下降シナリオの発生確率は不明であり、ラプラスの原理（50：50）を使って正味現在価値を算出してみよう。なお、資本コスト（割引率）は10％とする。

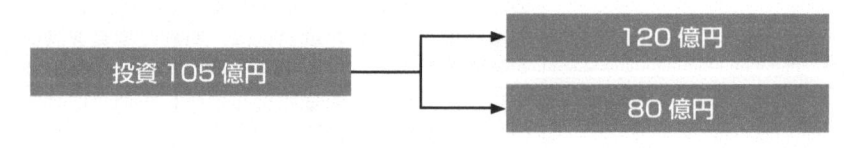

```
投資 105 億円 ─┬─→ 120 億円
              └─→  80 億円
```

はじめに、2つのシナリオの期待値を算出し、次に割引率を使って現在価値を求める。

期待値＝ $120 \times 0.5 + 80 \times 0.5 = 100$
現在価値＝ $100 \div (1 + 0.10) = 91$

次に、現在価値から初期投資金額を引くことで正味現在価値を算出し、この事業投資の是非を評価してみよう。

正味現在価値（NPV）＝ 91 － 105 ＝ －14

正味現在価値法で計算すると、結果はマイナス14億円となり、現状では本ビジネス案件に投資価値があるとは認められない。ただし、気をつけてほしい。既述したとおり、収益に影響を与えている要因を特定し、下ぶれするリスクを最小限にする方法を検討することが重要であり、今の段階で事業投資を諦めるのは性急である。より具体的には、インフルエンス・ダイアグラムを作成することで業績に影響を与える要因を特定すること、次に感度分析（トルネード・チャート）によってレバレッジ・ポイントを見つけることである。

正味現在価値法の限界

正味現在価値法は、将来キャッシュ・フローを単一のケースで考えている点に限界がある。もちろん、この限界を克服するために、本書では幅広く複数のプランを作成し、振れ幅と確率という概念を用いて、選択肢を選択する方法を解説した。しかし、こうしたアプローチには今後の外部環境（市場動向やマーケットシェアなど）の見方において恣意が働きやすく、複数のプランを加味した正味現在価値法をもって将来の不確実性に考慮できたとは言い難い。

リアル・オプション・アプローチによる補完

リアル・オプション・アプローチも正味現在価値法と同じく将来キャッシュフローおよび現在価値を前提にしている。しかし、リアル・オプション・アプローチでは更に意思決定者に「止める権利」や「延期する権利」などを持たせ、意思決定の柔軟性を高めているところに特徴がある。

ついては、次項以降でリアル・オプション・アプローチの実務として、バイノミアル・モデル（二項モデル）とブラック・ショールズ・モデルを解説し、リアル・オプション・アプローチが正味現在価値法を補完することを検証する。

解説

31-3
バイノミアル・モデル（二項モデル）

> バイノミアル・モデル（二項モデル）は、1期間ごとに上昇と下降の2つのシナリオが発生すると仮定してオプション価値を算出するモデルのことである。

バイノミアル・モデル（二項モデル）とは

　バイノミアル・モデル（二項モデル）は、1期間ごとに上昇と下降の2つのシナリオが発生すると仮定してオプション価値を算出するモデルである。なお、1期目に下降し、2期目に上昇した場合の期待値と1期目に上昇し、2期目に下降した場合の期待値は等しくなることを前提にしている。

ケース・スタディ

　先ほどと同じケースを使って、バイノミアル・モデルを使ったリアル・オプション・アプローチで再計算してみよう。はじめに、言葉に慣れる意味合いから、ケースの内容をオプション取引の話に置き換えて整理しておく。
　Aさんは現在91億円（原資産価格）のX社の株が欲しいと思っている。1年後には期待値100億円になると見越しているからだ。しかし、今は資金が足りないのでオプション取引（買う権利）を使って、この株を1年後に105万円（権利行使価格）で買う権利を購入した。
　このように、1年後の期待値（100億円）を現在価値に割り引いた金額（91億円）が原資産価格となり、初期投資金額（105億円）が権利行使価格となる。このことを理解しておくと後がわかりやすくなる。
　さて、話を元に戻そう。原資産価値を算出したら、次にリスク中立確率（P）を算出する。リスク中立確率とは、上昇シナリオと下降シナリオの期待値（加重平均値）が原資産を国債などのリスクフリーレート（非危険利子率）で運用

した時の額と同額になるような確率のことである。ここではリスクフリーレートを2%として計算する。計算式は以下のとおり。

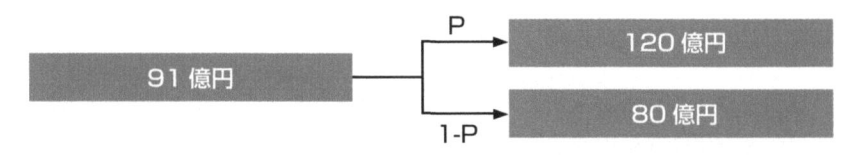

```
              P
              ┌──→ 120 億円
   91 億円 ───┤
              └──→ 80 億円
             1-P
```

$91 \times (1+0.02) = P \times 120 + (1 - P) \times 80$

リスク中立確率（P）＝0.32

最後に、このリスク中立確率（P=0.32）を使いオプション価値を算出する。

```
                      0.32
                      ┌──→ max(120−105*1.02,0)
   オプション価値（V）──┤
                      └──→ max(80−105*1.02,0)
                      0.68
```

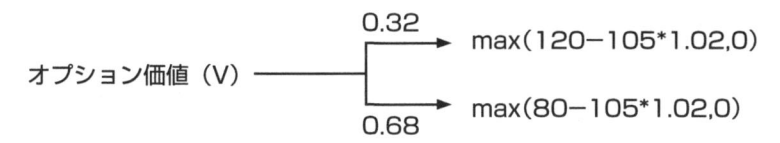

再びオプション取引の話を思い出してみよう。コール・オプションとは買う権利の契約であり、権利行使価格を下回った場合は権利を放棄し、損失を小さくすればよい。上の図をみると、下降シナリオの期待値（80億円）が権利行使価格（105億円）を下回っているのでmax（80 − 105,0）の解は0となる。上の図を算式に置き換えてオプション価値を算出すると以下のとおり。

$V \times (1+0.02) = 0.32 \times (120 - 105*1.02) + 0.68 \times 0$

オプション価値（V）＝4.05

リアル・オプション・アプローチによって生まれた新たな価値

正味現在価値法ではマイナス14億円だったものが、リアル・オプション・アプローチでは4.05億円となり、総額18.05億円の新たな価値が生まれた。これは1年後に権利行使の是非を判断する場合のオプション価値であり、延期オプションを意味する。たとえば、0期の段階では不確実性が高く、正味現在価値法で見るかぎり損失が見込まれているが、1期間、技術力を強化したり、マーケティング調査を行ない、不確実性を払拭し、もし、1期後にプラスになることが見込まれるのであれば、事業をスタートさせようといった具合である。

解説 31-4
ブラック・ショールズ・モデル

> ブラック・ショールズ・モデルは、バイノミアル・モデルと同様に、オプション価値を算出するモデルである。スプレッド・シートを使って容易にオプション価値を算出できる。

ブラック・ショールズ・モデルとは

　バイノミアル・モデルと同様に、オプション価値を算出するモデルである。フィッシャー・ブラックとマイロン・ショールズが考案した。ブラック・ショールズ・モデルでオプション価値を算出するために必要なデータは以下のとおりである。

必要なデータ	解説
原資産価格（S）	t年間のキャッシュフローを割引率を使って現在価値に置き換えて算出
権利行使価格（X）	投資に必要な費用（設備投資など）
満期（t）	事業価値の算出根拠にしたい期間
ボラティリティ（σ）	事業価値の変動幅（標準偏差）
リスクフリーレート（r）	非危険利子率

ボラティリティの算出方法

　ボラティリティとは、事業価値の変動幅（標準偏差）のことである。ボラティリティの算出方法は複数があるが、ひとつはモンテカルロ・シミュレーションのソフトを使って収益シミュレーションを何度も繰り返し、事業価値の変動

幅から平均および標準偏差を求めるやり方である。

モンテカルロ・シミュレーションは、モンテカルロ法を使って乱数を発生させ、幾通りものシミュレーションを行ない、近似解を求めることを目的としている。たとえば、カフェの出店を計画している A さんの例で考えてみよう。売上は客単価と来客数で決まる。想定される客単価の幅（上限と下限）、同じく想定される来客数（上限と下限）、そして、想定される確率分布が分かればスプレッド・シート上でシミュレーションして、ボラティリティを算出できる。

スプレッド・シートを使った計算方法

ここでは、ブラック・ショールズ・モデルを用いて Microsoft-excel でオプション価値を計算する方法を掲示しておく。また、次項では、実際にオプション価値を算出してみよう。

	B	C	D	E
2				
3	計算条件	原資産価値(S)		千万円
5		権利行使価値(K)		千万円
7		オプションの期間(t)		ヶ月
8			=D7/12	年
9		ボラティリティ(σ)		
11		リスクフリーレート(r)		
13	オプション価値	V=	=D3*D21−EXP(−D16)*D5*D22	千万円
15		logS/K=	=LN(D3/D5)	
16		rt=	=D11*D8	
17		1/2tσ^2=	=(1/2)*D8*D9^2	
18		$\sigma\sqrt{t}$=	=D9*SQRT(D8)	
19		d1=	=(D15+D16+D17)/D18	
20		d2=d1−$\sigma\sqrt{t}$	=D19−D18	
21		N(d1)=	=NORMSDIST(D19)	
22		N(d2)=	=NORMSDIST(D20)	

CASE STUDY

32-1 ── こんなときどうする？

> ある新規のビジネス案件がある。最初の2年間は売上が一切ない。このような案件のオプション価値はどうやって求めたらよいのだろうか。

ケース・スタディ

　ある新規のビジネス案件がある。この案件の初期投資金額およびキャッシュフローは以下のとおりである。シナリオはベース・ケースのほかに楽観と悲観の3つを想定している。なお、いずれのケースにおいても最初の売上が立つのは3年後だと考えている。

(千万円)

楽観ケース	0期	1期	2期	3期	4期	5期
売上				50.0	90.0	130.0
費用		30.0	22.0	22.0	22.0	22.0
設備投資	40.0					
CF	-40.0	-30.0	-22.0	28.0	68.0	108.0

ベース・ケース	0期	1期	2期	3期	4期	5期
売上				40.0	70.0	90.0
費用		30.0	22.0	22.0	22.0	22.0
設備投資	40.0					
CF	-40.0	-30.0	-22.0	18.0	48.0	68.0

悲観ケース	0期	1期	2期	3期	4期	5期
売上				30.0	35.0	35.0
費用		30.0	22.0	22.0	22.0	22.0
設備投資	40.0					
CF	-40.0	-30.0	-22.0	8.0	13.0	13.0

設問

　スプレッド・シートでブラック・ショールズ・モデルを使って本件のオプション価値を求めてください。なお、割引率は10%、リスクフリーレートは2%、ボラティリティは22.8%とします。

上記の設問に対する解答は172ページにあります。

解説

32-2
オプション価値の算出

最初の準備期間（2期）の設備投資と費用を権利行使価格と見立ててオプション価値を算出する。

● 正味現在価値法による事業価値の算出

はじめに、楽観、ベース、悲観のケースごとに現在価値を算出する。次に、ラプラスの原理を使って加重平均値を算出すれば、この新規ビジネス案件の事業価値となる。結果は下の表の右下にあるように、マイナス3.4千万円となる。これでは事業をスタートさせるのは難しい。

ケース	0期	1期	2期	3期	4期	5期	NPV (0～5期)	PV (3～5期)
楽観								
Cf→PV	-40.0	-27.3	-18.2	21.0	46.4	67.1	49.1	134.5
ベース								
Cf→PV	-40.0	-27.3	-18.2	13.5	32.8	42.2	3.1	88.5
悲観								
Cf→PV	-40.0	-27.3	-18.2	6.0	8.9	8.1	-62.5	23.0
						平均	-3.4	82.0

● 原資産価値の算出

そこで次にリアル・オプションを使って再計算してみる。つまり、最初の2期間は売上が立たず、いわば準備期間となっているため、この2期間をオプションの期間と見立て、3期から5期のキャッシュフローの現在価値を原資産価格とする。

上の表中、右端のPV（3～5期）欄が各シナリオにおける原資産価格であり、一番下（82.0）が加重平均値である。

権利行使価格

権利行使価格は、0期の設備投資、1から2期までの費用の現在価値の総額である。もちろん、加重平均化することを忘れてはならない。答えは（85.5 = 40.0 + 27.3 + 18.2）である。

オプション価値の算出

これで必要なデータが集まったのでスプレッド・シートで計算してみる。

計算条件	原資産価値(S)		82.0	千万円
	権利行使価格(K)		85.5	千万円
	オプションの期間(t)		24	ヵ月
			2	年
	ボラティリティ(σ)		0.228	
	非危険利子率(r)		0.02	
オプション価値	V=		10.44	千万円

上の表が示すように、売上が立たない2期をオプション期間とすることで、事業価値はプラスとなり、検討の土俵に乗せることが可能となった。

ボラティリティの算出（参考）

本ケースではボラティリティを22.8％にプリセットしていた。しかし、これを現データから求めることは可能である。計算方法は以下のとおりである。なお、PV値と加重平均値（82.01）の差から標準偏差を出すのではなく、比から出しているところに注意が必要である。

ケース	PV	発生確率	加重平均	分散	発生確率	期待値	標準偏差
楽観	134.5	0.33		164.1	0.33	54.68	
ベース	88.5	0.33	82.01	107.9	0.33	35.98	22.79
悲観	23.0	0.33		28.0	0.33	9.33	=stdev()

ex. 134.5÷82.01=164.1

総合演習

CASE STUDY

33-1 ── 戦略的意思決定の総合演習

最後に戦略的意思決定の演習を行ないます。

設問

本書を通じて得た知識をもとに以下のケースを読み、3つの候補地の中からひとつを選択するとともに、撤退基準を含めたプレゼンテーション資料を作成してください。

ケース・スタディ

あなたは浦島市街地（地図を参照のこと）で小さなコンサルティング・ファームを経営しているコンサルタントである。主に、中小企業を対象にした戦略

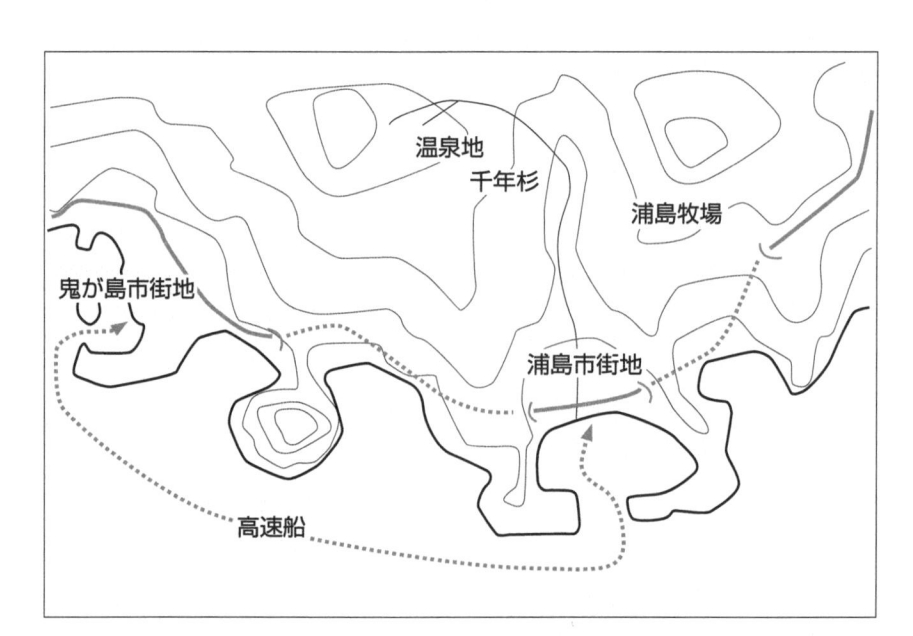

［地図：温泉地、千年杉、浦島牧場、鬼が島市街地、浦島市街地、高速船］

立案の支援を得意としている。ある時、自動車部品メーカーのＸ社に勤務するＡさんから電話があり、経営のコンサルティングを依頼された。数日後、Ａさんは約束どおり、あなたの事務所を訪ねてきた。柔和な笑顔が印象的な50代の男性である。型通りの挨拶を済ませた後、あなたは話を切り出した。

あなた　失礼かとは思いますが、私のことをどのようにしてお知りになったのでしょうか。
Ａさん　実は私がよく通っている地元のラーメン屋があるのですが、そこのご主人が先生のことを紹介してくれたのです。
あなた　そういうことですか。彼は私の友人でしてね。
Ａさん　えぇ。お聞きしました。ラーメン店のフランチャイズ化の指導もなさったとか。
あなた　最初は反対したのですが。どうしてもやりたいということだったので。
Ａさん　そうですか。実は、私もどうしてもやりたいことがあるのです。今日は、それでご相談に参りました。
あなた　と、おっしゃると？
Ａさん　はい。実は現在つとめている自動車部品メーカーをまもなく退職するのです。定年退職です。ついては、これを機に、長年の夢だったカフェを地元の浦島市でやりたいと考えているのです。
あなた　お一人で？
Ａさん　いえいえ、夫婦ふたりで考えています。妻は長年、老舗洋菓子店でケーキをつくる職人をやっています。
あなた　なるほど。それはすばらしい。それでは、もう少し詳しい話をお聞かせいただけますか。

　こうして、あなたはＡさんのコンサルティングを開始した。打合せ、現地の調査、データ作成、そして再び打合せ。これらの作業を繰り返し、次第に構想が明らかになっていった。
　次ページ以降のコンサルティング・メモは、この間、１ヶ月にわたる打合せを通じて作成したものである。

CASE STUDY

コンサルティング・メモ

【経営者】
（1） Aさんには子供が二人いる。二人とも独立しており、カフェの経営はAさん夫婦ふたりで考えている。
（2） AさんはX社の販売部門で働いているが、半年後に定年を迎える。雇用延長はしないつもりである。
（3） 一方の奥さんは地元でも有名な老舗の洋菓子店でケーキ職人として働いている。技術は高く、コンテストで表彰された経験を持っている。
（4） 洋菓子店は地元スーパーの出店攻勢に一時は経営が傾きかけたが、現在では再建中とのこと。
（5） 奥さんはご主人の退職とともに洋菓子店を辞めて一緒にカフェの経営に参画する。
（6） 老舗の洋菓子店の経営者はこのことを喜んでくれている。なんなら投資をしてもよいと考えている。
（7） 夫婦は共同経営者となる。ご主人が経理とフロアを担当し、奥さんが仕入れと調理を担当する。

【事業の目的】
（1） 夫婦が共通の目的をもって生活する環境をつくること。これが第1の目的である。今まで40年近く、夫婦がそれぞれ異なる仕事場で働いてきたため、これからは一緒に働いて生活したいと思っている。できれば、のんびりと夫婦で会話しながら仕事ができたらよい。
（2） 第2の目的は、資産を形成し、老後は子供たちの世話にならずに済む生活環境をつくること。子供たちには子供たちの生活があるため、迷惑はかけたくないと思っている。
（3） 浦島市は季節ごとに異なった空気を感じられる地域である。夏の海、紅葉する山々、雪を見ながら入る露天風呂、そして人々の温かいぬくもり。こうした空気を感じながら生活したいと思っている。

【マーケティング】
（1） カフェを出店する候補地は、海、山、街エリアの3ヶ所まで選んだ。
（2） 各物件のデータは次のとおり。

総合演習

候補地	海エリア	山エリア	街エリア
住　所	浦島市海1丁目	浦島市山1丁目	浦島市街1丁目
立　地	高速船が発着する港、物産店が近くにある。	温泉街の中心地。公共露天風呂が近くにある。	新たに区画整理された閑静な住宅街の中。
敷地面積	180坪	200坪	150坪
フロア面積	30坪（20席）	30坪（20席）	30坪（20席）
築　年	築浅	築浅	築浅
駐車台数	10台	10台	8台
賃借料	100千円	100千円	100千円

（3）海エリアは、県内随一の海水浴場である。開発は20年前であり、成長率は期待できないものの根強い人気スポットである。夏の海水浴シーズンを中心に大きな収入が見込める半面、季節変動が大きく、夏に対して冬の収入は少ない。

（4）山エリアの開発がはじまったのはここ数年である。現在は集客力に欠けるが、今後10年は温泉街を中心に観光需要の増加が見込める。海エリアよりも季節変動が小さく、年間を通して安定した収入を見込める半面、海エリアのように大きく売りあげることもない。

（5）街エリアは他のエリアと異なり、観光客ではなく、地元の住民が顧客対象である。観光客ではない分、顧客単価は小さいが、景気や気候に左右されにくい安定した収入が見込める。住民の構成は、海あるいは山エリアの観光地で働く従業員とその家族、ビジネス街である鬼が島市に勤務する会社員とその家族である。

（6）事業は、喫茶事業、食事事業、全国配送事業の3つに分かれている。

（7）喫茶事業のプロダクツは、エリアに関係なく手造りのケーキを含む洋菓子、40種類の茶葉を用意した紅茶などの飲料が中心である。

（8）食事事業は、昼と夜の限られた時間帯にパスタなどの比較的手軽な料理の提供を考えている。

（9）全国配送事業は、オーダーメイドのクッキーと紅茶の茶葉の詰め合わせを全国配送する。本事業が次第に大きく育つことを願っている。

(10) 地元の観光協会と連携して販売促進する。
(11) 顧客平均単価の設定は以下のとおりである。

(円)

内訳	金額	原価
喫茶事業	600	180
食事事業	1,000	400
全国配送事業	2,000	700

※後述する収益シュミレーションにおける客単価は、本データに比をかけて算出している。

【資金】
(1) 開業資金の内訳は以下のとおりである。

(千円)

内訳	金額	利率
自己資金	4,000	1.0%
金融機関	2,000	4.0%
洋菓子店の主	2,000	3.0%

(2) 資本コストはこのデータを使って算出する。
(3) 現在、Aさん夫婦に金融機関等からの借り入れはなく、自宅に抵当権なども設定されていない。
(4) Aさん夫婦が所有している不動産、動産は、自宅、自家用車1台、ゴルフの会員権である。
(5) 自宅の所有権はAさん夫婦(50:50)である。

【調達】
(1) 現在、奥さんが勤めている老舗の洋菓子店と同じ業者から材料を調達する予定である。
(2) 同じく老舗の洋菓子店から最終商品であるケーキを一部調達する。

【製造】
(1) 店内で提供するメニューのほとんどは奥さんが製造(調理)する。
(2) 繁忙期にはアルバイトを採用して対応する。

【販売】
（1）Aさんがフロアに立つ。
（2）繁忙期にはアルバイトを採用して対応する。

【浦島市のリサーチ】
（1）浦島市は、海と山の幸に恵まれたリゾート地であり、夏は若者やファミリー客でにぎやかな景勝地でもある。浦島港は隣の鬼が島市にある港と高速船で結ばれており、夏は両方を往き来する観光客で賑わっている。海はホテルが整備したプライベートビーチがあり、海水浴をはじめ、ウィンドサーフィン、ヨットなど、若者を魅了している。
（2）一方、山は海までせり出し、この自然の形状が都会化することを長年こばんできた。山は春の新緑、秋の紅葉と共に素晴らしく、日本の自然100景に選ばれているほどである。近年、この山麓に千年杉が見つかり、自然遊歩道が整備されたお陰で、ここ数年は年配の観光客でにぎわっている。また、山あいの渓谷沿いには情緒ある温泉街があり、第2の黒川温泉と目されている。
（3）浦島市は観光需要に頼っているため、地元経済の将来動向が気になるところである。そこで、地元の商工会議所や旅行代理店の協力を得て、今後の10年の予測データを作成した。

候補地	需要予測	確率（％）	経済成長率
海エリア	上昇	10	1.5%
	維持	80	―
	下降	10	▲2.0%
山エリア	上昇	60	7.0%
	維持	30	―
	下降	10	▲2.0%
街エリア	上昇	20	2.0%
	維持	70	―
	下降	10	▲2.0%

総合演習

CASE STUDY

総合演習

【収益シミュレーション】
（1）これまで得たデータをもとに、候補地3ヶ所の収益シミュレーションを実施した。シミュレーションは月次と10年間のシミュレーションの2つである。
（2）なお、5年が経過したところで追加投資が発生する。設備の入れ替えや什器の拡充が目的である。

　Aさんとはじめて会ってから1ヶ月後が経過したある日のことである。Aさん夫婦があなたの事務所に訪ねてきた。

奥さん　先生、ここまでありがとうございました。いろいろアドバイスを頂いたおかげで、だんだん夢の実現に近づいてきました。ついては、最後のお願いです。3つの候補地のうち、どこにお店を構えるべきなのか、先生のお考えをお聞かせいただけませんでしょうか。
あなた　私の考えですか。わかりました。それでは、2週間のお時間を頂けませんか。よければプレゼン資料をお作りしましょう。
Aさん　ありがとうございます。先生のおかげで2週間後が楽しみになりました。

　事務所を出るAさん夫婦を見送った後、あなたはプレゼンテーション資料を作成するためにPCに向かった。

海エリアのデータ

海エリア	1月	2月	3月	4月	5月	6月	7月	8月	9月	10月	11月	12月	計
来客数	30	30	35	55	65	45	75	75	75	65	45	30	52
客単価	900	900	914	873	831	844	800	800	800	831	844	900	853
客価あたりの原価	303	303	317	307	288	287	273	273	273	288	287	303	平均 292
1日当り	売上	27,000	27,000	32,000	48,000	54,000	38,000	60,000	60,000	60,000	54,000	38,000	27,000	43,750
	売上原価	9,100	9,100	11,100	16,900	18,700	12,900	20,500	20,500	20,500	18,700	12,900	9,100	15,000
	粗利益	17,900	17,900	20,900	31,100	35,300	25,100	39,500	39,500	39,500	35,300	25,100	17,900	28,750
営業日数	25	25	25	25	25	25	30	30	30	25	25	25	315
来客数	750	750	875	1,375	1,625	1,125	2,250	2,250	2,250	1,625	1,125	750	16,750
売上	675,000	675,000	800,000	1,200,000	1,350,000	950,000	1,800,000	1,800,000	1,800,000	1,350,000	950,000	675,000	14,025,000
売上原価	227,500	227,500	277,500	422,500	467,500	322,500	615,000	615,000	615,000	467,500	322,500	227,500	4,807,500
粗利益	447,500	447,500	522,500	777,500	882,500	627,500	1,185,000	1,185,000	1,185,000	882,500	627,500	447,500	9,217,500
経費(含・賃借料)	180,000	180,000	180,000	180,000	180,000	180,000	180,000	180,000	180,000	180,000	180,000	180,000	2,160,000
人件費	350,000	350,000	350,000	450,000	500,000	400,000	600,000	600,000	600,000	450,000	350,000	350,000	5,350,000
営業利益	-82,500	-82,500	-7,500	147,500	202,500	47,500	405,000	405,000	405,000	252,500	97,500	-82,500	1,707,500
営業利益率	-12.22	-12.22	-0.94	12.29	15.30	5.00	22.50	22.50	22.50	18.70	10.26	-12.22	12.17

海エリア	0期	1期	2期	3期	4期	5期	6期	7期	8期	9期	10期
来客数		52	52	52	52	52	52	57	57	57	57
客単価		853	853	853	853	853	853	853	853	853	853
客価あたりの売上原価		292	292	292	292	292	292	292	292	292	292
営業日数		315	315	315	315	315	315	315	315	315	315
売上		14,025,000	14,025,000	14,025,000	14,025,000	14,025,000	15,427,500	15,427,500	15,427,500	15,427,500	15,427,500
売上原価		4,807,500	4,807,500	4,807,500	4,807,500	4,807,500	5,288,250	5,288,250	5,288,250	5,288,250	5,288,250
粗利益		9,217,500	9,217,500	9,217,500	9,217,500	9,217,500	10,139,250	10,139,250	10,139,250	10,139,250	10,139,250
経費		2,160,000	2,160,000	2,160,000	2,160,000	2,160,000	2,160,000	2,160,000	2,160,000	2,160,000	2,160,000
人件費		5,350,000	5,350,000	5,350,000	5,350,000	5,350,000	5,885,000	5,885,000	5,885,000	5,885,000	5,885,000
営業利益		1,707,500	1,707,500	1,707,500	1,707,500	1,707,500	2,094,250	2,094,250	2,094,250	2,094,250	2,094,250
投資費用	8,000,000					4,000,000					
キャッシュフロー	-8,000,000	1,707,500	1,707,500	1,707,500	1,707,500	-2,292,500	2,094,250	2,094,250	2,094,250	2,094,250	2,094,250
累積	-8,000,000	-6,292,500	-4,585,000	-2,877,500	-1,170,000	-3,462,500	-1,368,250	726,000	2,820,250	4,914,500	7,008,750
営業利益率	0.00	12.17	12.17	12.17	12.17	13.57	13.57	13.57	13.57	13.57	13.57
PV（現在価値）	-8,000,000	1,669,927	1,633,180	1,597,242	1,562,095	-2,051,128	1,832,520	1,792,195	1,752,758	1,714,189	1,676,468
投資回収予定	-8,000,000	-6,330,073	-4,696,893	-3,099,651	-1,537,556	-3,588,684	-1,756,164	36,031	1,788,789	3,502,978	5,179,446

総合演習

CASE STUDY

山エリアのデータ

山エリア 月次データ

山エリア		1月	2月	3月	4月	5月	6月	7月	8月	9月	10月	11月	12月	計
1日当り	来客数	45	45	45	45	45	45	45	45	45	45	45	45	45 平均
	客単価	933	933	933	933	933	933	933	933	933	933	933	933	933
	客単価あたりの原価	336	336	336	336	336	336	336	336	336	336	336	336	336 均
	売上	42,000	42,000	42,000	42,000	42,000	42,000	42,000	42,000	42,000	42,000	42,000	42,000	42,000
	売上原価	15,100	15,100	15,100	15,100	15,100	15,100	15,100	15,100	15,100	15,100	15,100	15,100	15,100
	粗利益	26,900	26,900	26,900	26,900	26,900	26,900	26,900	26,900	26,900	26,900	26,900	26,900	26,900
	営業日数	25	25	25	25	25	25	25	25	25	25	25	25	300
	来客数	1,125	1,125	1,125	1,125	1,125	1,125	1,125	1,125	1,125	1,125	1,125	1,125	13,500
	売上	1,050,000	1,050,000	1,050,000	1,050,000	1,050,000	1,050,000	1,050,000	1,050,000	1,050,000	1,050,000	1,050,000	1,050,000	12,600,000
	売上原価	377,500	377,500	377,500	377,500	377,500	377,500	377,500	377,500	377,500	377,500	377,500	377,500	4,530,000
	粗利益	672,500	672,500	672,500	672,500	672,500	672,500	672,500	672,500	672,500	672,500	672,500	672,500	8,070,000
	経費(含 賃借料)	180,000	180,000	180,000	180,000	180,000	180,000	180,000	180,000	180,000	180,000	180,000	180,000	2,160,000
	人件費	400,000	400,000	400,000	400,000	400,000	400,000	400,000	400,000	400,000	400,000	400,000	400,000	4,800,000
	営業利益	92,500	92,500	92,500	92,500	92,500	92,500	92,500	92,500	92,500	92,500	92,500	92,500	1,110,000
	営業利益率	8.81	8.81	8.81	8.81	8.81	8.81	8.81	8.81	8.81	8.81	8.81	8.81	8.81

山エリア 期次データ

山エリア	0期	1期	2期	3期	4期	5期	6期	7期	8期	9期	10期
来客数				45	48	52	55	59	65	65	65	65	65
客単価		933	933	933	933	933	933	933	933	933	933
客単価あたりの売上原価		336	336	336	336	336	336	336	336	336	336
営業日数		300	300	300	300	300	300	300	300	300	300
売上		12,600,000	13,482,000	14,425,000	15,435,542	16,516,030	18,167,633	18,167,633	18,167,633	18,167,633	18,167,633
売上原価		4,530,000	4,847,100	5,186,397	5,549,445	5,937,906	6,531,697	6,531,697	6,531,697	6,531,697	6,531,697
粗利益		8,070,000	8,634,900	9,239,343	9,886,097	10,578,124	11,635,936	11,635,936	11,635,936	11,635,936	11,635,936
経費		2,160,000	2,160,000	2,160,000	2,160,000	2,160,000	2,160,000	2,160,000	2,160,000	2,160,000	2,160,000
人件費		4,800,000	5,136,000	5,495,520	5,880,206	6,291,821	6,732,248	6,732,248	6,732,248	6,732,248	6,732,248
営業利益		1,110,000	1,338,900	1,583,823	1,845,891	2,126,303	2,743,688	2,743,688	2,743,688	2,743,688	2,743,688
投資費用	8,000,000					4,000,000					
キャッシュフロー	-8,000,000	1,110,000	1,338,900	1,583,823	1,845,891	-1,873,697	2,743,688	2,743,688	2,743,688	2,743,688	2,743,688
累積	-8,000,000	-6,890,000	-5,551,100	-3,967,277	-2,121,386	-3,995,083	-1,251,396	1,492,292	4,235,980	6,979,668	9,723,356
営業利益率	0.00	8.81	9.93	10.98	11.96	12.87	15.10	15.10	15.10	15.10	15.10
PV(現在価値)	-8,000,000	1,085,575	1,280,624	1,481,551	1,688,701	-1,676,420	2,400,793	2,347,964	2,296,298	2,245,768	2,196,350
投資回収予定	-8,000,000	-6,914,425	-5,633,802	-4,152,251	-2,463,550	-4,139,970	-1,739,176	608,788	2,905,086	5,150,854	7,347,204

184

総合演習

街エリアのデータ

街エリア	1月	2月	3月	4月	5月	6月	7月	8月	9月	10月	11月	12月	計
来客数	45	45	45	45	45	45	45	45	45	45	45	45	
客単価	844	844	844	844	844	844	844	844	844	844	844	844	平均
客単価あたりの原価	287	287	287	287	287	287	287	287	287	287	287	287	287
1日当り 売上	38,000	38,000	38,000	38,000	38,000	38,000	38,000	38,000	38,000	38,000	38,000	38,000	
売上原価	12,900	12,900	12,900	12,900	12,900	12,900	12,900	12,900	12,900	12,900	12,900	12,900	
粗利益	25,100	25,100	25,100	25,100	25,100	25,100	25,100	25,100	25,100	25,100	25,100	25,100	
営業日数	25	25	25	25	25	25	25	25	25	25	25	25	300
来客数	1,125	1,125	1,125	1,125	1,125	1,125	1,125	1,125	1,125	1,125	1,125	1,125	13,500
売上	950,000	950,000	950,000	950,000	950,000	950,000	950,000	950,000	950,000	950,000	950,000	950,000	11,400,000
売上原価	322,500	322,500	322,500	322,500	322,500	322,500	322,500	322,500	322,500	322,500	322,500	322,500	3,870,000
粗利益	627,500	627,500	627,500	627,500	627,500	627,500	627,500	627,500	627,500	627,500	627,500	627,500	7,530,000
経費(含・賃借料)	180,000	180,000	180,000	180,000	180,000	180,000	180,000	180,000	180,000	180,000	180,000	180,000	2,160,000
人件費	400,000	400,000	400,000	400,000	400,000	400,000	400,000	400,000	400,000	400,000	400,000	400,000	4,800,000
営業利益	47,500	47,500	47,500	47,500	47,500	47,500	47,500	47,500	47,500	47,500	47,500	47,500	570,000
営業利益率	5.00	5.00	5.00	5.00	5.00	5.00	5.00	5.00	5.00	5.00	5.00	5.00	5.00

街エリア	0期	1期	2期	3期	4期	5期	6期	7期	8期	9期	10期
来客数		45	45	45	45	45	45	45	45	45	45
客単価		844	844	844	844	844	844	844	844	844	844
客単価あたりの売上原価		287	287	287	287	287	336	336	336	336	336
営業日数		300	300	300	300	300	300	300	300	300	300
売上		11,400,000	11,400,000	11,400,000	11,400,000	11,400,000	12,540,000	12,540,000	12,540,000	12,540,000	12,540,000
売上原価		3,870,000	3,870,000	3,870,000	3,870,000	3,870,000	4,257,000	4,257,000	4,257,000	4,257,000	4,257,000
粗利益		7,530,000	7,530,000	7,530,000	7,530,000	7,530,000	8,283,000	8,283,000	8,283,000	8,283,000	8,283,000
経費		2,160,000	2,160,000	2,160,000	2,160,000	2,160,000	2,160,000	2,160,000	2,160,000	2,160,000	2,160,000
人件費		4,800,000	4,800,000	4,800,000	4,800,000	4,800,000	5,280,000	5,280,000	5,280,000	5,280,000	5,280,000
営業利益		570,000	570,000	570,000	570,000	570,000	843,000	843,000	843,000	843,000	843,000
投資費用	8,000,000					4,000,000					
キャッシュフロー	-8,000,000	-7,430,000	-6,860,000	-6,290,000	-5,720,000	-3,430,000	-8,307,000	-7,464,000	-6,621,000	-5,778,000	-4,935,000
累積	-8,000,000					-3,068,863	737,645	721,414	705,539	690,014	674,830
営業利益率	0.00	5.00	5.00	5.00	5.00	9.93	6.72	6.72	6.72	6.72	6.72
PV（現在価値）	-8,000,000	557,457	545,190	533,194	521,461	-3,068,863	-3,068,863				
投資回収予定	-8,000,000	-7,442,543	-6,897,352	-6,364,159	-5,842,698	-8,911,561	-8,173,916	-7,452,502	-6,746,963	-6,056,949	-5,382,119

総合演習

33-2
プレゼンテーション資料を通じた知識の復習

> ここでは、コンサルタントが作成したプレゼンテーション資料を見ながら今までに得た知識を復習します。

カフェ出店計画のご提案

20××年×月×日
浦島コンサルティング

あなた　それでは解説をはじめましょう。
Aさん　よろしくお願いします。

目次

Step1	判断基準の設定	はじめに、候補地を選択するための判断基準を作成します。
Step2	幅広い選択肢の検討	次に、判断基準を用いて3つの候補地について、定量、定性的に分析し、AHP法を使って候補地をひとつに絞り込みます。
Step3	影響の連鎖の把握	絞り込んだ候補地について、リスクを評価するために影響の連鎖を把握します。
Step4	リスク許容限界	ここでは、感度分析を使ってリスクの大きさを定量的に把握します。
Step5	幅広い選択肢の検討	把握したリスクを回避する方法を幅広く検討します。
Step6	不確実性の考慮	将来に対する不確実性がある場合は、これを考慮して事業価値を算出します。
Step7	最終評価	撤退基準を含めて最終評価を行います。

あなた 今日は、意思決定の質を上げるために重要な5つの観点を用いてお話を進めます。

Aさん 本の目次どおりですね。

あなた はい。ただし、幅広い選択肢が二度でてきます。考えるときは、思考を広げて、それから絞り込み、また、広げるといった作業を繰り返すのが実際だからです。

Aさん よくわかります。

解説

総合演習

Step1 判断基準の設定　　　事業の目的を明らかにする

■ 共通の場所づくり
今まで異なる仕事場で働いていたため、
これからは共通の場所をつくりたい。

■ 資産の形成
子供たちの世話にならずに済む生活環境をつくりたい。

あなた　先日の打合せでは、カフェを経営する目的をお聞きしました。そのときの内容が上の資料に出ている 2 点です。これで間違いありませんか。
A さん　はい。夫婦で一緒に働く場を求めていたのです。それに資産の形成についても間違いありません。ただし、優先順位で言えば、2 番目ですが。
あなた　そうでしたね。その優先順位は AHP 法を使う時に重要となります。
A さん　わかりました。

総合演習

Step1 判断基準の設定
事業の目的から判断基準を設定する

事業の目的	優先順位	判断基準	優先順位
共通の場所づくり	1	身近な距離	1
		楽しい会話	2
		ゆとり時間	3
資産の形成	2	低い投資額	3
		高い投資回収率	2
		安定した売上	1

あなた　しかし、目的はあまりにおおまかなので、これをそのまま判断基準に用いることができません。そこで、目的を下方展開します。

Aさん　それが上の図の中の判断基準という欄ですね。

あなた　そうです。これら6つの判断基準はお二人と打合せているうちに、私なりに感じ取ったものです。もし、間違いがあれば修正しましょう。

Aさん　いいえ、今のところ、その必要はないと思います。私たちの意思を反映していると思います。

解説

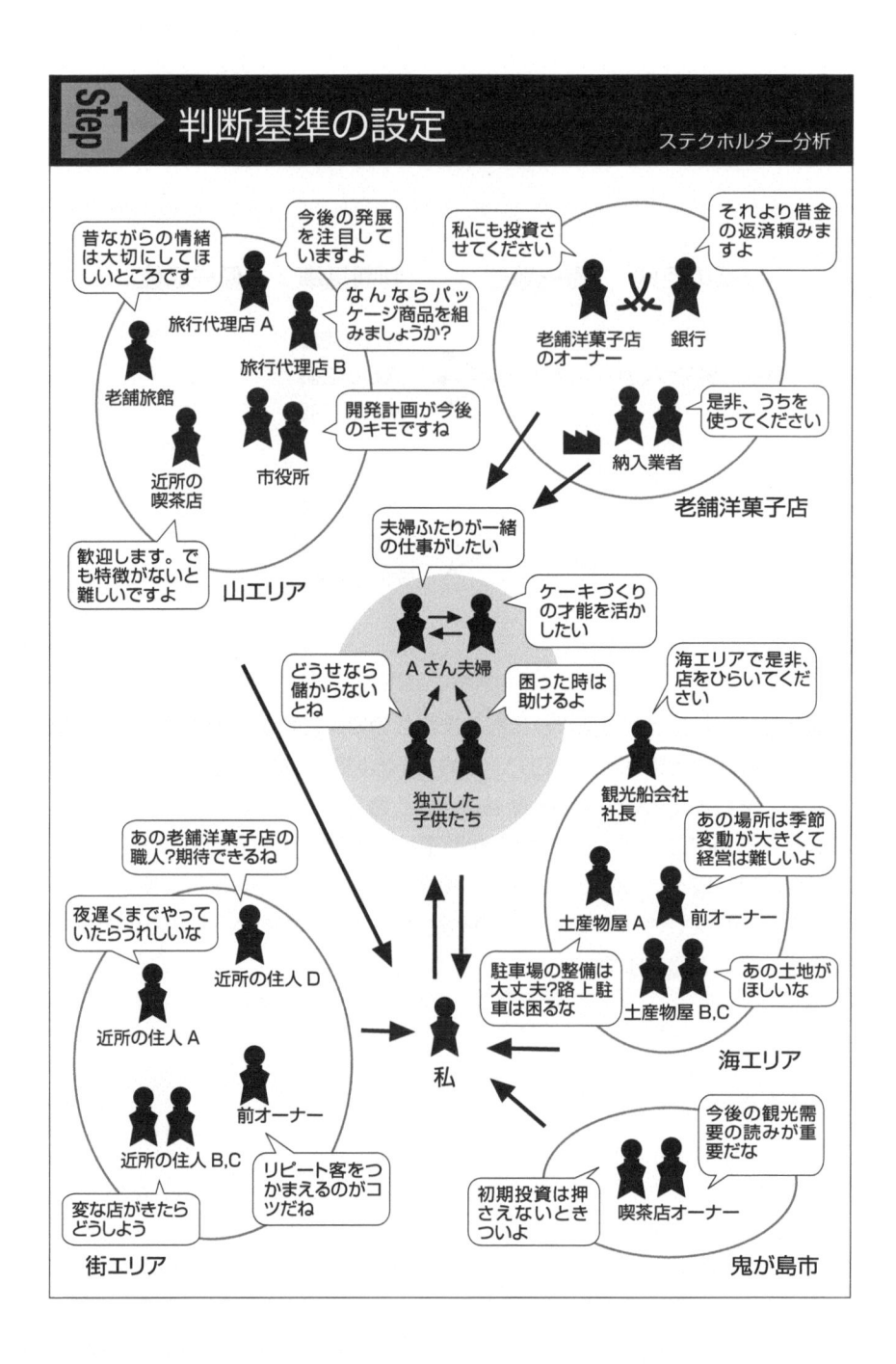

Step1 判断基準の設定 — ステークホルダー分析

山エリア
- 老舗旅館：昔ながらの情緒は大切にしてほしいところです
- 旅行代理店A：今後の発展を注目していますよ
- 旅行代理店B：なんならパッケージ商品を組みましょうか？
- 市役所：開発計画が今後のキモですね
- 近所の喫茶店：歓迎します。でも特徴がないと難しいですよ

老舗洋菓子店
- 老舗洋菓子店のオーナー：私にも投資させてください
- 銀行：それより借金の返済頼みますよ
- 納入業者：是非、うちを使ってください

Aさん夫婦
- 夫婦ふたりが一緒の仕事がしたい
- ケーキづくりの才能を活かしたい
- どうせなら儲からないとね
- 困った時は助けるよ
- 独立した子供たち

海エリア
- 観光船会社社長：海エリアで是非、店をひらいてください
- 土産物屋A：あの老舗洋菓子店の職人？期待できるね（※夜遅くまでやっていたらうれしいな ではなく、「あの場所は季節変動が大きくて経営は難しいよ」）
- 前オーナー：あの場所は季節変動が大きくて経営は難しいよ
- 土産物屋B,C：あの土地がほしいな
- 駐車場の整備は大丈夫？路上駐車は困るな

街エリア
- 近所の住人A：夜遅くまでやっていたらうれしいな
- 近所の住人D：あの老舗洋菓子店の職人？期待できるね
- 近所の住人B,C：変な店がきたらどうしよう
- 前オーナー：リピート客をつかまえるのがコツだね

鬼が島市
- 喫茶店オーナー：今後の観光需要の読みが重要だな
- 初期投資は押さえないときついよ

私

総合演習

奥さん この図は何ですか。
あなた カフェの出店に際して、利害が生じるだろう人達を洗い出したリッチ・ピクチャです。
奥さん この図から何を読み取ることができますか。
あなた 2つあります。第一に、お二人が考えている経営目的や判断基準がステイクホルダーに受け容れられるものかを検証できます。第二に、各候補地のうち、どこがお二人の判断基準に合致しているのかを定性的に分析できます。
Aさん なるほど。それで、結果はいかがでしたか。
あなた はい。それでは次のスライドを見てください。

総合演習

Step 2　幅広い選択肢
海エリアの特徴

判断基準	解説
身近な距離	他の物件と同様に、マイナスになる要素はない。
楽しい会話	南側が海に面しており、視界を遮るものがないために視界は広い。海岸を散歩しながら会話できる。
ゆとり時間	繁忙期と閑散期の差が大きく、夏の繁忙期は朝から混雑してゆとり時間の確保は難しい。
低い投資額	他の物件と同様に、初期投資に800万円、5年が経過した時点で追加投資の400万円が必要となる。
高い投資回収率	賞味現在価値法（割引率2.25%）によると、7期中に回収できる見込み。
安定した売上	海エリアでの経済成長は見込めないが現状維持は可能。ただし、季節変動が大きく、マイナス要素である。

あなた　さて、これから出てくる3枚のスライドが、先の収益シミュレーションとステイクホルダー分析の両方から分析した結果です。解説欄をよくみてください。

Aさん　わかりました。

奥さん　海エリアは季節変動が大きく、マイナスの要素であると書いてありますが、変動が大きいことがマイナスなのでしょうか。

あなた　いいえ、決してそんなことはありません。リアル・オプションの考え方に基づけば、変動（ボラティリティ）が大きいほど事業価値は高まるものです。しかし、今回は「安定した売上」が重要なのでマイナスの要素になるわけです。

奥さん　なるほど。

Step 2 幅広い選択肢

山エリアの特徴

判断基準	解 説
身近な距離	他の物件と同様に、マイナスになる要素はない。
楽しい会話	山間部にあり、春の山桜、夏の清流、秋の紅葉、冬の雪など、四季を身近に感じながら会話ができる。
ゆとり時間	これから経済発展する地域であり、最初の2～3年は時間にゆとりがある。
低い投資額	他の物件と同様に、初期投資に800万円、5年が経過した時点で追加投資の400万円が必要となる。
高い投資回収率	賞味現在価値法（割引率2.25%）によると、7期中に回収できる見込み。
安定した売上	海エリアに比べて集客率に欠けるため、固定費がかさみ、営業利益率が低い。将来の経済成長に期待。

Aさん 山エリアは季節変動が小さいものの営業利益率は低いのですね。

あなた そうですね。投資に対する回収は7期（7年）で海エリアと同じですが、海エリアよりもマイナスが大きくなる傾向があります。

奥さん マイナスが大きいのは心配ですね。

あなた そうですね。リスクの許容限界を超えているという印象ですね。そもそも追加投資の400万円が重たいのですが、この点についてはリスク・コントロールする方法があるので、後で解説しましょう。

解説

Step 2 幅広い選択肢 — 街エリアの特徴

判断基準	解説
身近な距離	他の物件と同様に、マイナスになる要素はない。
楽しい会話	他の地域と異なり、地元住民が顧客になるため、家族ぐるみの会話を楽しむことができる。
ゆとり時間	来客時間が読みやすく、計画的にゆとり時間をつくることができる。休暇もとりやすい。
低い投資額	他の物件と同様に、初期投資に800万円、5年が経過した時点で追加投資の400万円が必要となる。
高い投資回収率	残念ながら10年間では回収できない。追加投資がなければ10年強で回収可能。
安定した売上	他の地域に比べて地域経済の影響を受けにくい。安定した売上だが、額が小さく開業は難しい。

あなた 街エリアは他の地域と異なり、観光客ではなく、地元住民が対象顧客になります。浦島市は観光地ですから、市街地の昼間人口は少なく、集客力が乏しいというのが現状です。

奥さん そうですか。地域の方々と会話できるのは魅力的だったけど、残念ですね。

あなた はい。ただし、これは事業の目的と判断基準の優先順位次第ですから、今の優先順位では厳しいということです。

Aさん つまり、資産の形成を諦めれば、街エリアは候補地として復活してくるということでしょうか。

あなた おっしゃるとおりです。ゆとりある時間を過ごすのであれば、街エリアが一番です。

奥さん それは魅力的だけど、資産の形成を諦めるのは現実的ではないわね。

Step2 幅広い選択肢

AHP法による分析

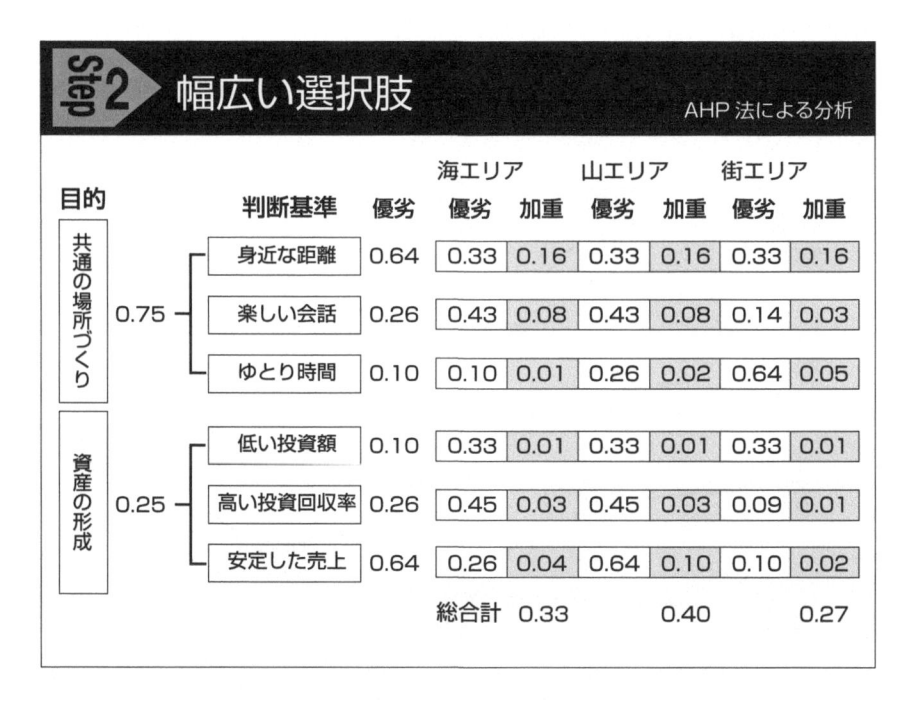

目的		判断基準	優劣	海エリア 優劣	海エリア 加重	山エリア 優劣	山エリア 加重	街エリア 優劣	街エリア 加重
共通の場所づくり	0.75	身近な距離	0.64	0.33	0.16	0.33	0.16	0.33	0.16
		楽しい会話	0.26	0.43	0.08	0.43	0.08	0.14	0.03
		ゆとり時間	0.10	0.10	0.01	0.26	0.02	0.64	0.05
資産の形成	0.25	低い投資額	0.10	0.33	0.01	0.33	0.01	0.33	0.01
		高い投資回収率	0.26	0.45	0.03	0.45	0.03	0.09	0.01
		安定した売上	0.64	0.26	0.04	0.64	0.10	0.10	0.02
				総合計	0.33		0.40		0.27

あなた それではAHP法による分析の結果を見てみましょう。結果は「山エリア」がお勧めとなります。分析の過程は省いてしまいますが、結果をみて違和感はありますか。

Aさん 結果だけをみると「やっぱりそうかな」という感じです。でも、何が大きく影響したのでしょうか。

あなた そうですね。それでは表を見てみましょう。一番おおきいのは「安定した収入」ですね。山エリアは季節変動が小さく、今後の経済成長が見込めるので。

奥さん でも、短期的にみれば利益率は低いほうですよ。

あなた はい。しかし、地域の経済成長率が7%ですから、これを加味して評価すると点数が高くなります。

奥さん それなら、もし、そのあてが外れたら？

あなた そうですね。それは心配ですね。そうした不確実性はリアル・オプションのところで加味しましょう。

解説

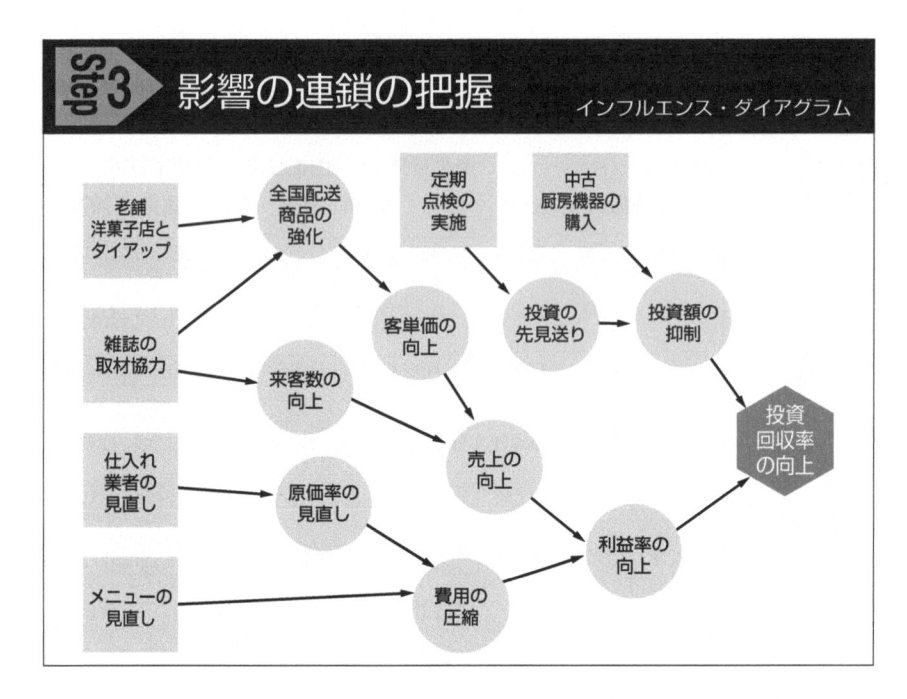

Step3 影響の連鎖の把握 — インフルエンス・ダイアグラム

[図：投資回収率の向上に影響する要因のインフルエンス・ダイアグラム。主な要素として「老舗洋菓子店とタイアップ」「雑誌の取材協力」→「全国配送商品の強化」→「客単価の向上」、「来客数の向上」、「仕入れ業者の見直し」→「原価率の見直し」、「メニューの見直し」→「費用の圧縮」、「定期点検の実施」→「投資の先見送り」、「中古厨房機器の購入」→「投資額の抑制」、これらが「売上の向上」「利益率の向上」を経由して「投資回収率の向上」に至る。]

あなた さて、定量、定性の両面から分析して山エリアに絞り込むことができましたが、心配はいろいろ出てきます。そこで、今度はリスクの大きさを評価したり、不確実性にどう対応したらよいのかを考えましょう。

奥さん わかりました。

あなた 上の図は、投資回収率に影響を与える要因を分析したインフルエンス・ダイアグラムです。カフェ出店は初期投資が大きく、山エリアは短期的には利益率が悪いことから作成しました。

Aさん この図の中で気になるのは、全国配送商品の強化ですね。洋菓子の詰め合わせは単価が高いから、なんとか伸ばしたいところです。そのためには「老舗洋菓子店とタイアップ」と「雑誌の取材協力」だから、プロモーションが重要ということですね。

あなた おっしゃるとおりです。

奥さん 食事の客単価は回収率に影響を与えないのですか。

あなた あとで感度分析のところで確認しましょう。

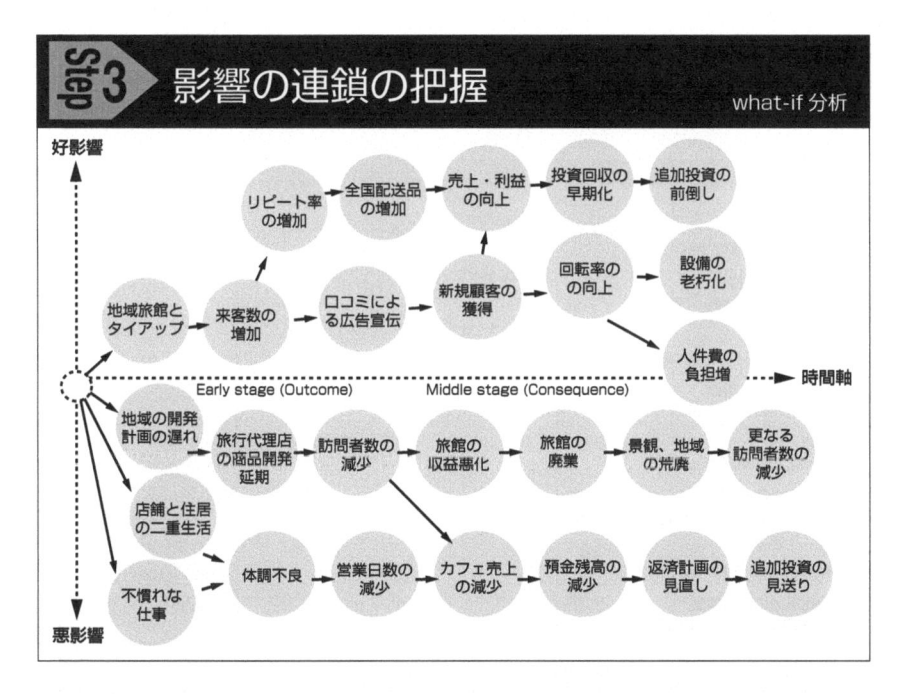

Step3 影響の連鎖の把握　　what-if 分析

好影響

Early stage (Outcome)　　Middle stage (Consequence)　　→ 時間軸

上段（好影響の連鎖）:
- 地域旅館とタイアップ → 来客数の増加 → リピート率の増加 → 全国配送品の増加 → 売上・利益の向上 → 投資回収の早期化 → 追加投資の前倒し
- 来客数の増加 → 口コミによる広告宣伝 → 新規顧客の獲得 → 売上・利益の向上
- 新規顧客の獲得 → 回転率の向上 → 設備の老朽化
- 回転率の向上 → 人件費の負担増

下段（悪影響の連鎖）:
- 地域の開発計画の遅れ → 旅行代理店の商品開発延期 → 訪問者数の減少 → 旅館の収益悪化 → 旅館の廃業 → 景観、地域の荒廃 → 更なる訪問者数の減少
- 店舗と住居の二重生活
- 不慣れな仕事 → 体調不良 → 営業日数の減少 → カフェ売上の減少 → 預金残高の減少 → 返済計画の見直し → 追加投資の見送り

悪影響

あなた　次に、what-if 分析の結果をみてください。山エリアは地域の結びつきが強いので、旅館とタイアップして売上を伸ばすことは可能です。ただし、アーリー・ウォーニング・サインとして人件費の負担増が挙げられます。来客数が増加し、回転率が上がることはありがたいことですが、あまり上がりすぎると、今の人員では賄えなくなります。人件費が上がると利益率は悪くなるので気をつける必要があります。

Aさん　ありがとうございます。図の中の悪影響をみると地域の開発計画が要のようですね。

あなた　はい。温泉街は街全体の美観が大切です。どこかほころびが出ると全体に悪影響を与えるものです。怖いのはどこかの旅館の廃業、廃墟が出ることです。こういうのが出ると美観が悪くなり、お客様が近づかなくなります。

Aさん　そうですか。これはいい話を聞かせていただきました。

解説

Step 4 リスク許容限界
感度分析

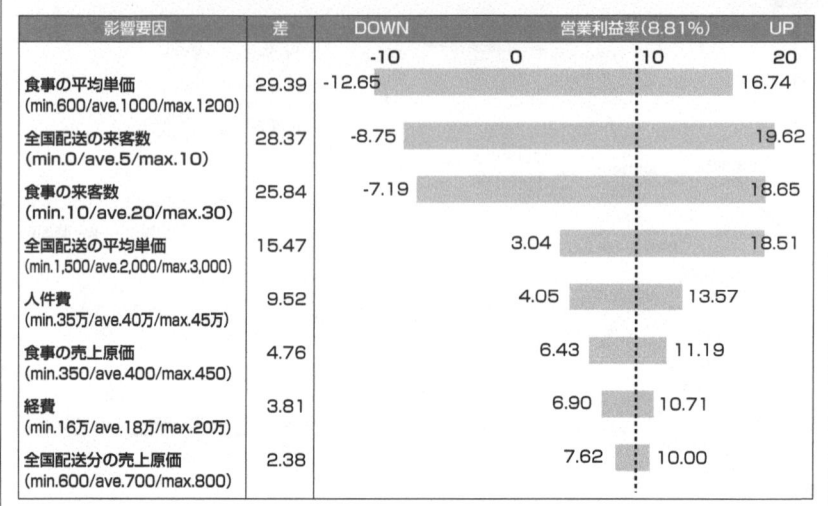

影響要因	差	DOWN	営業利益率(8.81%)	UP
食事の平均単価 (min.600/ave.1000/max.1200)	29.39	-12.65		16.74
全国配送の来客数 (min.0/ave.5/max.10)	28.37	-8.75		19.62
食事の来客数 (min.10/ave.20/max.30)	25.84	-7.19		18.65
全国配送の平均単価 (min.1,500/ave.2,000/max.3,000)	15.47		3.04	18.51
人件費 (min.35万/ave.40万/max.45万)	9.52		4.05	13.57
食事の売上原価 (min.350/ave.400/max.450)	4.76		6.43	11.19
経費 (min.16万/ave.18万/max.20万)	3.81		6.90	10.71
全国配送分の売上原価 (min.600/ave.700/max.800)	2.38		7.62	10.00

あなた さて、ここまで定性的にリスクをみてきましたが、今度は定量的に分析してみましょう。上の表は営業利益率を評価指標とした時に大きな影響を与えそうな要因を抜き出してトルネード・チャートにしたものです。それぞれの要因の振れ幅については「影響要因」の欄に max. と min. で表しています。

奥さん Ave.（平均）というのは？

あなた Ave. は、そもそも最初に収益シミュレーションしたときに用いた数値です。ベースケースの利益率は 8.81％になっていますね。

A さん このグラフをみると、食事の平均単価の下振れが利益率に与える影響が大きいですね。

あなた そうです。平均単価が上振れするよりも下振れするリスクを大きくしているからです。

奥さん ということは、下振れするリスクを小さくして、むしろ上振れするくらいにしたらよいわけね。

あなた 間違いありません。そこで次を見てください。

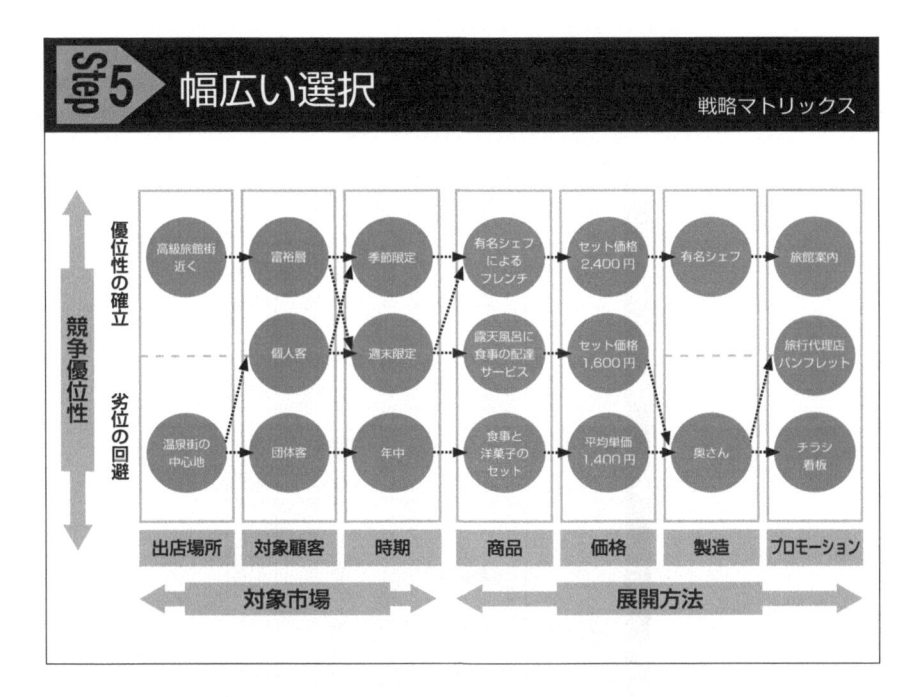

Step5 幅広い選択　　　戦略マトリックス

競争優位性							
優位性の確立	高級旅館街近く	富裕層	季節限定	有名シェフによるフレンチ	セット価格 2,400円	有名シェフ	旅館案内
		個人客	週末限定	露天風呂に食事の配達サービス	セット価格 1,600円		旅行代理店パンフレット
劣位の回避	温泉街の中心地	団体客	年中	食事と洋菓子のセット	平均単価 1,400円	奥さん	チラシ 看板
	出店場所	対象顧客	時期	商品	価格	製造	プロモーション
	←　　対象市場　　→			←　　　展開方法　　　→			

あなた　どうすれば食事の平均単価を上げることができるのかを考えてみました。戦略マトリックスを見て下さい。

Aさん　有名シェフ？

あなた　はい。有名シェフを活用した高級路線を戦略オプションとして作ってみました。出店場所も今の温泉街の中心地ではなく、高級旅館近くを考えてみてもよいかと。

Aさん　有名シェフというのは、まさかあのラーメン屋の主人とか？

あなた　そんなことはしません。ご安心ください。季節限定か週末限定ですが、シェフがこちらに来て腕をふるってくれます。もちろん、人件費は負担しなければなりませんが。人件費以上の利益をもたらしてくれるはずです。

奥さん　収益はどう変化しますか？

あなた　見てみましょう。

総合演習

解説

Step 6 不確実性の考慮
収益シミレーションの修正

山エリアのデータ

山エリア	0期	1期	2期	3期	4期	5期	6期	7期	8期	9期	10期
来客数		46	49	53	57	61	67	67	67	67	67
客単価		1,023	1,023	1,023	1,023	1,023	1,023	1,023	1,023	1,023	1,023
客単価あたりの売上原価		372	372	372	372	372	372	372	372	372	372
営業日数		300	300	300	300	300	300	300	300	300	300
売上		14,287,500	15,287,625	16,357,759	17,502,802	18,727,998	20,600,798	20,600,798	20,600,798	20,600,798	20,600,798
売上原価		5,205,000	5,525,279	5,912,049	6,325,892	6,768,705	7,445,575	7,445,575	7,445,575	7,445,575	7,445,575
粗利益		9,082,500	9,762,346	10,445,710	11,176,910	11,959,293	13,155,222	13,155,222	13,155,222	13,155,222	13,155,222
経費		2,160,000	2,160,000	2,160,000	2,160,000	2,160,000	2,160,000	2,160,000	2,160,000	2,160,000	2,160,000
人件費		5,400,000	5,778,000	6,182,460	6,615,232	7,078,298	7,573,779	7,573,779	7,573,779	7,573,779	7,573,779
営業利益		1,522,500	1,824,346	2,103,250	2,401,677	2,720,955	3,421,443	3,421,443	3,421,443	3,421,443	3,421,443
投資費用	8,000,000					4,000,000					
キャッシュフロー	-8,000,000	1,522,500	1,824,346	2,103,250	2,401,677	-1,279,005	3,421,443	3,421,443	3,421,443	3,421,443	3,421,443
累積	-8,000,000	-6,477,500	-4,653,154	-2,549,905	-148,227	-1,427,233	1,994,211	5,415,654	8,837,097	12,258,540	15,679,983
営業利益率	0.00	10.66	11.93	12.86	13.72	14.53	16.61	16.61	16.61	16.61	16.61
PV（現在価値）	-8,000,000	1,488,998	1,744,940	1,967,437	2,197,159	-1,144,342	2,993,846	2,927,967	2,863,537	2,800,525	2,738,900
投資回収予定	-8,000,000	-6,511,002	-4,766,062	-2,798,625	-601,467	-1,745,808	1,248,037	4,176,004	7,039,541	9,840,066	12,578,966

あなた　ここでは長期計画をシミュレーションしています。
Aさん　だいぶ利益率が改善していますね。
あなた　はい。回転率はあまり上げないようにして、客単価を上げています。
奥さん　さきほどの有名シェフによるフレンチを組み込んだんですね。
Aさん　そうです。5月のゴールデン・ウィーク、8月の夏休み、11月の紅葉の季節の3シーズンにシェフがこちらに来ることを想定してシミュレーションしています。
奥さん　投資回収も若干はやまりましたね。
あなた　本当は最初の3年間で回収したいところでしたが、さすがにハードルが高かったですね。
Aさん　それにしても、こんなにうまくいくでしょうか。
あなた　そうですね。不確実性は常につきまとうので、将来のシナリオはひとつではなく、3つ作ってみました。次のスライドを見てください。

解説

総合演習

Step 6 不確実性の考慮 — 経済成長率を加味したシナリオ作成

楽観ケース	0期	1期	2期	3期	4期	5期	6.0期	6期	7期	8期	9期	10期
売上		14,287,500	15,287,625	16,357,759	17,502,802	18,727,998		20,600,798	20,600,798	20,600,798	20,600,798	20,600,798
費用		12,765,000	13,463,279	14,254,509	15,101,125	16,007,003		17,179,355	17,179,355	17,179,355	17,179,355	17,179,355
設備投資	8,000,000						4,000,000					
営業利益(CF)	-8,000,000	1,522,500	1,824,346	2,103,250	2,401,677	2,720,995	-4,000,000	3,421,443	3,421,443	3,421,443	3,421,443	3,421,443

ベース・ケース	0期	1期	2期	3期	4期	5期	6.0期	6期	7期	8期	9期	10期
売上		14,287,500	14,287,500	14,287,500	14,287,500	14,287,500		14,287,500	14,287,500	14,287,500	14,287,500	14,287,500
費用		12,765,000	12,765,000	12,765,000	12,765,000	12,765,000		12,765,000	12,765,000	12,765,000	12,765,000	12,765,000
設備投資	8,000,000						4,000,000					
営業利益(CF)	-8,000,000	1,522,500	1,522,500	1,522,500	1,522,500	1,522,500	-4,000,000	1,522,500	1,522,500	1,522,500	1,522,500	1,522,500

悲観ケース	0期	1期	2期	3期	4期	5期	6.0期	6期	7期	8期	9期	10期
売上		14,287,500	13,903,444	13,625,375	13,352,867	13,085,810		12,824,094	12,567,612	12,316,260	12,069,935	11,828,536
費用		12,765,000	12,620,536	12,519,326	12,420,139	12,322,936		12,227,678	12,134,324	12,042,837	11,953,181	11,865,317
設備投資	8,000,000						4,000,000					
営業利益(CF)	-8,000,000	1,522,500	1,282,908	1,106,049	932,728	762,874	-4,000,000	596,416	433,288	273,422	116,754	-36,781

ケース	0期	1期	2期	3期	4期	5期	6.0期	6期	7期	8期	9期	10期
楽観												
PV	-8,000,000	1,488,998	1,744,940	1,967,437	2,197,159	2,434,507	-3,578,849	2,993,846	2,927,967	2,863,537	2,800,525	2,738,900
悲観												
PV	-8,000,000	1,488,998	1,456,232	1,424,188	1,392,849	1,362,200	-3,578,849	1,332,224	1,302,909	1,274,239	1,246,199	1,218,777
悲観												
PV	-8,000,000	1,488,998	1,227,068	1,034,629	853,300	682,553	-3,578,849	521,879	370,795	228,838	95,565	-29,444

あなた　さきほどの修正した収益シミュレーションを楽観ケースとしました。予測データにあった経済成長率 7％で順調に推移した場合です。ほかに、ゼロ％成長のベース・ケースとマイナス2％成長の悲観ケースもつくっています。
Aさん　何をしようとお考えですか。
あなた　3つのシナリオには、商工会議所や旅行代理店の方々が見積もってくれた発生確率が出ているので、これを使って期待値を算出したり、ボラティリティを出そうと思っているのです。
Aさん　わかった。リアル・オプションを使うんですね。
あなた　そうです。

解説

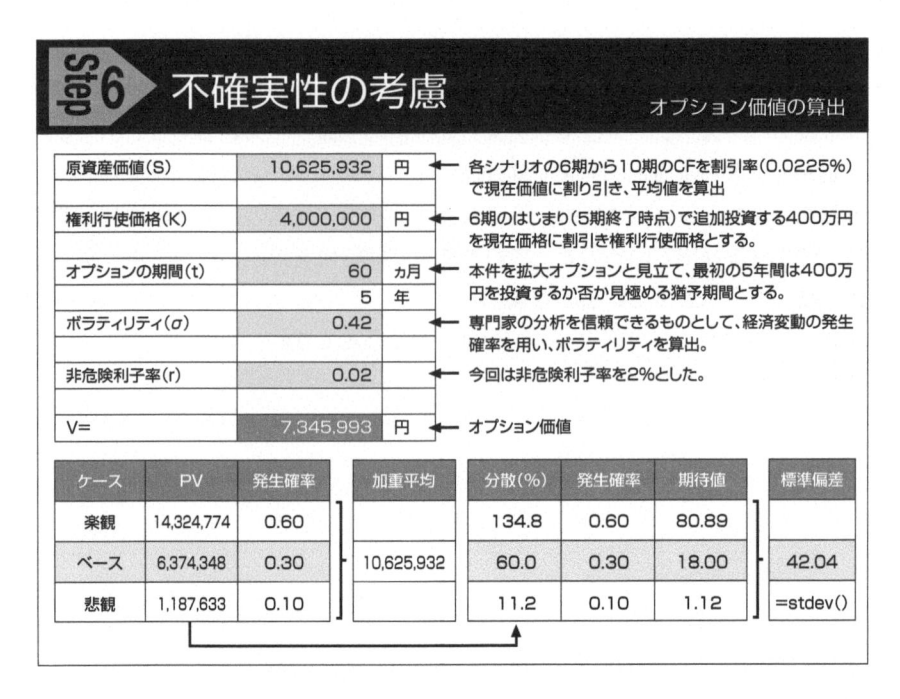

Step 6 不確実性の考慮 — オプション価値の算出

項目	値	単位	説明
原資産価値（S）	10,625,932	円	各シナリオの6期から10期のCFを割引率（0.0225%）で現在価値に割り引き、平均値を算出
権利行使価格（K）	4,000,000	円	6期のはじまり（5期終了時点）で追加投資する400万円を現在価格に割引き権利行使価格とする。
オプションの期間（t）	60	ヵ月	本件を拡大オプションと見立て、最初の5年間は400万円を投資するか否か見極める猶予期間とする。
	5	年	
ボラティリティ（σ）	0.42		専門家の分析を信頼できるものとして、経済変動の発生確率を用い、ボラティリティを算出。
非危険利子率（r）	0.02		今回は非危険利子率を2%とした。
V=	7,345,993	円	オプション価値

ケース	PV	発生確率	加重平均	分散(%)	発生確率	期待値	標準偏差
楽観	14,324,774	0.60		134.8	0.60	80.89	
ベース	6,374,348	0.30	10,625,932	60.0	0.30	18.00	42.04
悲観	1,187,633	0.10		11.2	0.10	1.12	=stdev()

あなた ここではリアル・オプションの中の拡大オプションを使います。0期から5期までNPVベースで見た時、利益が出ませんが、それは6期以降の利益を得る権利獲得のための拡大オプションであると考えるわけです。この場合、原資産価値は各シナリオの6期から10期のキャッシュフローを割引率（0.0225%）で現在価値に割り引いて、さらに発生確率で加重平均化したものです。それから権利行使価格は、5期が終了した時点で追加投資する予定だった400万円となります。期間は追加投資するまでの60ヶ月。ボラティリティは、3つのシナリオが原資産価値からどれくらい距離が離れているのかを比で表し、ボラティリティとしたものです。本来は、過去の類似の案件を用いてボラティリティにしたかったのですが、なかなか類似の案件というのは見つからないものです。

Aさん リアル・オプションにはいろんな種類があることを知っておいたほうがよいですね。

Step 7 最終評価
評価結果と撤退基準

■ **評価結果**

リスク評価の結果、やはり山エリアに出店することがお勧めします。
本件が生み出す10期分の事業価値は 6,760,678円です。

$$\left(\begin{array}{c} \text{最初の5年間の賞味現在価値} \\ \text{(NPV)} \\ -585,315 \end{array} \right) + \left(\begin{array}{c} \text{6期から10期までの} \\ \text{拡大オプション} \\ 7,345,993 \end{array} \right)$$

■ **撤退基準**

5年が経過した段階で6期以降の現在価値を予測し、仮に、追加投資の400万円を割り込むと考えられる場合、追加投資を控えます。更に、控えることが事業の継続に市場を与えると考えられる場合、撤退を決意します。その場合の損失は合計585,315万円となります。

あなた それでは最終評価に移ります。先にAHP法を使って山エリアに絞り込みましたが、売上高営業利益率の低さがリスクになっていました。そこで、売上の向上策として有名シェフを登用し、将来の事業リスクを回避するために拡大オプションを用いました。その結果は上のとおりです。いかがでしょうか。

Aさん まずは5年間やってみようということですね。そこで失敗したとしても50万円あまりの損失で済む。そして、5年たって、追加投資金額の400万円を上回る利益が得られるようであれば、更に事業を継続するということですね。

あなた はい。

Aさん 先生、ありがとうございました。極めて合理的な分析と判断でした。正しい意思決定とは、分析、判断どおりに選択することですから、私たちは山エリアでカフェをスタートさせようと思います。

あとがき

　現在、多くの企業が次世代のビジネス・リーダーの育成に力を注いでいる。その目的は、ガバナンスの向上および経営の長期的安定にある。現在のトップマネジメント層が秀でた才能を持っているほど、投資家は安心する半面、現在のトップマネジメント層が退陣した先を不安に思うものである。これに対して、次世代のビジネス・リーダーを育成し、投資家の不安を払しょくできれば、ガバナンスの向上に寄与することになる。

　優れたビジネス・リーダーとは、競争相手のビジネス・リーダーとは異なる才能を持った人物のことであり、ビジネスの構想と意思決定の場面でその異質性が発揮される。異質性を持たず、誰もが考え得る構想と意思決定を繰り返すビジネス・リーダーでは、自社の競争優位性は損なわれることになる。

　企業は、人材が競争優位の源泉になるならば、次世代のビジネス・リーダーの育成においても他社とは異なる内容と方法を講ずることで、異質な人材の輩出に注力すべきである。しかし、現実のところ、競争相手と異なる内容と方法で育成している企業は数少ない。結果として、多大な教育投資に対する効果に疑問が生じ、育成を中止する企業があることは先に述べた経営の長期的安定の観点からして残念なことである。

　一方、今、ビジネス・リーダーを目指そうとしている個人は、会社がこうした育成の機会を提供してくれるか否かに関わらず、自己育成の過程において数えきれないほどのケースに触れるべきである。ケースとは、大学院などの授業で用いる企業の事例のことである。そのケースが成功した企業の事例であるならば、構想と意思決定における異質性がどのように生まれたのかを紐解くとよい。逆に、そのケースが失敗した企業の事例であるならば、同質性に陥る原因は何かを学ぶとよい。ちなみに、成功した理由を紐解くのは難しく、失敗した原因を学ぶのはやさしいものである。

　本書の冒頭では、本書を読み進めるために必要なことは興味であり、マネジメントの経験知ではないことを記した。読者である皆さんは、ビジネス・リーダーになることに興味があるだろうか。ビジネス・リーダーの仕事は皆さんの創造性を駆り立て、ビジネスを成功させた暁には大きな達成感を得ることにな

るだろう。もし、皆さんがこの創造性と達成感を仕事の場面に求めているのであれば、ビジネス・リーダーを目指すことをお勧めしたい。なぜならば、組織の中でより大きな創造性と達成感を得るためには、より大きな歯車になることが必要だからである。

「真に優秀なリーダーは少ないものである。」このような言葉を使うと誤解を招くかもしれないが、だからこそ、より多くの人がビジネス・リーダーを目指してくれることを私は願い、数多くの企業で戦略的意思決定や戦略実現のためのマネジメントに関わる講義とコンサルティングを実践してきた。今後もより多くの人々を支援したいと考えている。

さて、本書は産業能率大学のご厚意によって出版している。産業能率大学は私が1992年から2009年まで17年間つとめた組織であり、ここで多くのことを学ばせて頂いた。2009年の転職にあたり、快く送り出してくれただけでなく、組織を離れた人間である私に出版の機会を与えてくれた。その産業能率大学と出版部の皆さん、とくに、福岡達士さん、坂本清隆さんにあらためて御礼を申し上げたい。

慶應丸の内シティキャンパス　安藤浩之

著者略歴

安藤浩之（あんどう ひろゆき）
慶應丸の内シティキャンパス　シニアコンサルタント

明治大学法学部卒、英国ウェールズ大学大学院卒（M.Sc 取得）。HOYA 株式会社人事部を経て、1992 年に産業能率大学総合研究所に入職。2006 年主幹研究員、2008 年同大学院総合研究所教授。2009 年 11 月より現職。
戦略的意思決定論、組織・人材マネジメントを中心に企業内教育で活躍中。
著書に『テクノロジー・マーケティング～技術が市場を創出する～』（共著、産業能率大学出版部 2004 年）ほか論文多数。

成功確率を高める意思決定　　　　　　　　　　〈検印廃止〉

著　者	安藤　浩之
発行者	坂本　清隆
発行所	産業能率大学出版部
	東京都世田谷区等々力 6-39-15　〒 158-8630
	（電話）03（6432）2536
	（FAX）03（6432）2537
	（振替口座）00100-2-112912

2011 年 6 月 7 日　初版 1 刷発行
2024 年 7 月 1 日　6 刷発行

印刷所・製本所／株式会社マツモト

（落丁・乱丁はお取り替えいたします）　　　　　　ISBN 978-4-382-05647-3
無断転載禁止